água

Escrito por Trevor Day

Consultor da coleção: Dr. Jon Woodcock
Tradução de Claudia Cabilio

A DORLING KINDERSLEY BOOK
WWW.DK.COM

Título Original: *See for yourself – Water*
Primeira edição publicada na Grã Bretanha em 2007 pela Dorling Kindersley Limited,
80 Strand, London WC2R 0RL.
Copyright © 2007 Dorling Kindersley Limited, London (Uma empresa do grupo Penguim)
Copyright © 2007 Edição Brasileira: Editora DCL – Difusão Cultural do Livro Ltda.

Créditos da edição inglesa:
Senior editor Fran Jones
Senior art editors Smiljka Surla, Jacqui Swan
Editors Samone Bos, Sue Malyan, Andrea Mills
Art editors Sheila Collins, Phil Letsu
Managing editor Linda Esposito
Managing art editor Diane Thistlethwaite
Publishing manager Andrew Macintyre
Category publisher Laura Buller
Design development manager Sophia M Tampakopoulos
Picture research Liz Moore
DK picture library Claire Bowers
Production controller Erica Rosen
DTP designer Andy Hilliard
Jacket editor Mariza O'Keeffe
Jacket designers Jacqui Swan, Smiljka Surla
Illustrations Dave Cockburn

Créditos da edição brasileira:
Diretor editorial Raul Maia Jr.
Editora executiva Otacília de Freitas
Editor de literatura Vitor Maia
Assistente editorial Pétula Lemos
Tradução Claudia Cabilio
Preparação de texto Carmen Simões
Revisão técnica Nina Nazario
Revisão de texto Diego Salerno, Fernando Nuno
Diagramação 13 Comunicação

Texto em conformidade com as novas regras
ortográficas do Acordo da Língua Portuguesa

Dados Internacionais de Catalogação na Publicação (CIP)
(Câmara Brasileira do Livro, SP, Brasil)

Day, Trevor
    Água / autor Trevor Day ; consultor Jon Woodcock ; traduzido por Claudia Cabilio. – São Paulo : DCL, 2007.

Título original: Water
ISBN 978-85-368-0313-5

1. Água – Literatura infantojuvenil I. Woodcock, Jon. II. Título.

07-7309   CDD – 028.5

Índices para catálogo sistemático:
1. Água : Literatura infantojuvenil
2. Água : Literatura juvenil

1ª edição • agosto • 2007
2ª reimpressão • outubro • 2011

Todos os direitos reservados. Proibida a reprodução e distribuição do texto e das imagens, no todo ou em partes sob qualquer formato, seja impresso ou digital, sem a autorização prévia dos titulares de direito autoral.

Editora DCL – Difusão Cultural do Livro Ltda.
Rua Manuel Pinto de Carvalho, 80 – Bairro do Limão
CEP 02712-120 – São Paulo – SP
Tel.: (0xx11) 3932-5222
www.editoradcl.com.br

conteúdo

Coisa molhada (H$_2$O)	4
Mundo aquático	6
Água salgada ou doce	8
Água congelada	10
Água e plantas	12
Vida na água	14
Água parada	16
Rios	18
Oceanos	20
Marés e correntes	22
Moldando o solo	24
O clima	26
Nuvens	28
Ciclo da água	30
Em movimento	31
Corpo de água	36
Energia hidráulica	38
Sob a terra	40
Água urbana	42
Água rural	44
Água e indústria	46
Água suja	48
Enchente e seca	50
Aquecimento global	52
O futuro	54
Fatos e números	56
Linha do tempo	58
Glossário	60
Índice	62

Coisa molhada (H_2O)

A água é a substância mais comum – e mais incrível – da superfície da Terra. É também a única matéria abundante na natureza, nos estados sólido, líquido e gasoso.
A menor quantidade de água existente é a molécula de água, que é feita de dois átomos de hidrogênio (H) e um de oxigênio (O) unidos firmemente. Uma gota de água contém mais de 1 septilhão de moléculas de água.

Moléculas grudadas
Em uma molécula de água, os átomos de hidrogênio têm carga elétrica ligeiramente positiva e o átomo de oxigênio, negativa. Forças opostas se atraem; assim, as moléculas de água tendem a ficar "grudadas".

Tensão de superfície
Quando as moléculas de água se grudam na superfície da água líquida, elas formam uma "película" na água. Esse efeito é conhecido como tensão superficial. A tensão superficial da água pode aguentar o peso de insetos, como o deste patinador de lagoa.

Água como sólido
Quando a água congela, suas moléculas desaceleram os movimentos e encolhem. Cada molécula se liga a outras quatro, formando anéis interconectados. O gelo é duro porque as moléculas de água estão encerradas nesse molde de cristal.

Água como líquido
Na forma líquida, as moléculas de água estão apenas levemente conectadas por atração elétrica e livres para se mover. Essa é a razão pela qual a água líquida flui facilmente quando despejada e toma a forma de seu recipiente.

Água como gás
No vapor, as moléculas de água têm muita energia e se movem tão rápido que a atração elétrica não consegue mantê-las unidas. Por isso, o vapor não tem forma – ele apenas se expande para ocupar o espaço disponível.

Água no espaço
As forças elétricas entre moléculas de água naturalmente as atraem, formando esferas. No espaço, quase não há gravidade; por isso, gotas de água flutuam. Aqui, um astronauta é visível através de uma gota de água perfeitamente esférica, a qual está agindo como lente.

Água e gravidade
Esta gota de água está sendo puxada da folha pela gravidade. Quando a gota cair, terá uma forma quase esférica. Então, o ar a empurrará e a esmagará, ou ela poderá se dividir em muitas gotículas.

Solvente universal
Açúcar, sal e aspirina solúvel são apenas algumas das coisas que se dissolvem em água. Na verdade, substâncias químicas se dissolvem mais em água do que em outros líquidos. Isso ocorre porque as cargas elétricas das moléculas de água atraem os átomos de outras substâncias separando-os. O resultado é uma solução de água com essas substâncias.

Características da água

Congela	Ferve	Expande
No nível do mar, a água pura congela a uma temperatura de 0°C.	No nível do mar, a água pura ferve a uma temperatura de 100°C.	A água é diferente porque ela se expande ao congelar. Outros líquidos encolhem.
Salgada	**Pura**	**Impura**
A solução de água com sal tem um ponto mais baixo de congelamento e mais alto de ebulição.	Água pura em um copo de vidro não tem cheiro, cor ou sabor.	Como a água dissolve outras substâncias quando ela atravessa o solo ou rochas, incorpora substâncias químicas.
Queima	**Derrete**	**Altitude**
A queima produz água. Quando a maioria das substâncias queima na atmosfera, elas liberam vapor.	Quando o gelo derrete, absorve calor. Por esse motivo ele é usado para gelar bebidas.	Em altitudes elevadas a água pura ferve a uma temperatura mais baixa, de 86°C.

Mundo aquático

O planeta azul
Em fotos tiradas do espaço, a Terra aparece quase toda azul, por causa das enormes áreas de oceano. As espirais brancas são nuvens que contêm água na forma de gotículas e cristais de gelo.

O planeta Terra é um lugar molhado, com mais de 70% de sua superfície coberta de água dos mares. A maior parte dessa água é encontrada em cinco oceanos – grandes buracos que se encheram com água salgada. Da água de superfície restante, a maior parte está cercada de gelo nos polos Norte e Sul. A água em lagos, rios, nuvens, solo e organismos vivos é comparativamente pouca, mas muito importante.

Os primeiros oceanos
Cientistas acreditam que os primeiros oceanos se formaram há cerca de 4 bilhões de anos. A água dos oceanos veio provavelmente do vapor, que era liberado por vulcões em erupção.
O vapor se resfriou, se transformou em água na atmosfera e depois caiu em forma de chuva. Essa água se acumulou em áreas baixas e criou os oceanos.

Penetração da luz

0

5 m

10 m

100 m

Profundidade do oceano

Absorvendo luz
A luz do sol contém todas as cores do arco-íris, mas a água absorve mais algumas cores do espectro colorido do que outras. A absorção do vermelho é maior do que a absorção de cores como o verde e o azul, os quais penetram mais profundamente na água.

Por que o mar é azul?
A água é levemente azul, mas isso só fica evidente quando você a vê em grandes quantidades, e quando não há partículas como grãos de areia ou barro. Neste atol de corais, a água límpida do mar tem uma coloração azul intensa, pois as outras cores da luz foram absorvidas pela água.

Luz embaixo da água
Mesmo os mais belos e multicoloridos recifes de corais podem parecer um tanto descorados embaixo da água. Tudo parece muito azul-esverdeado porque a água filtra as luzes vermelha e amarela. Entretanto, se você iluminar a água com um feixe de luz branca, uma variedade de cores será magicamente revelada.

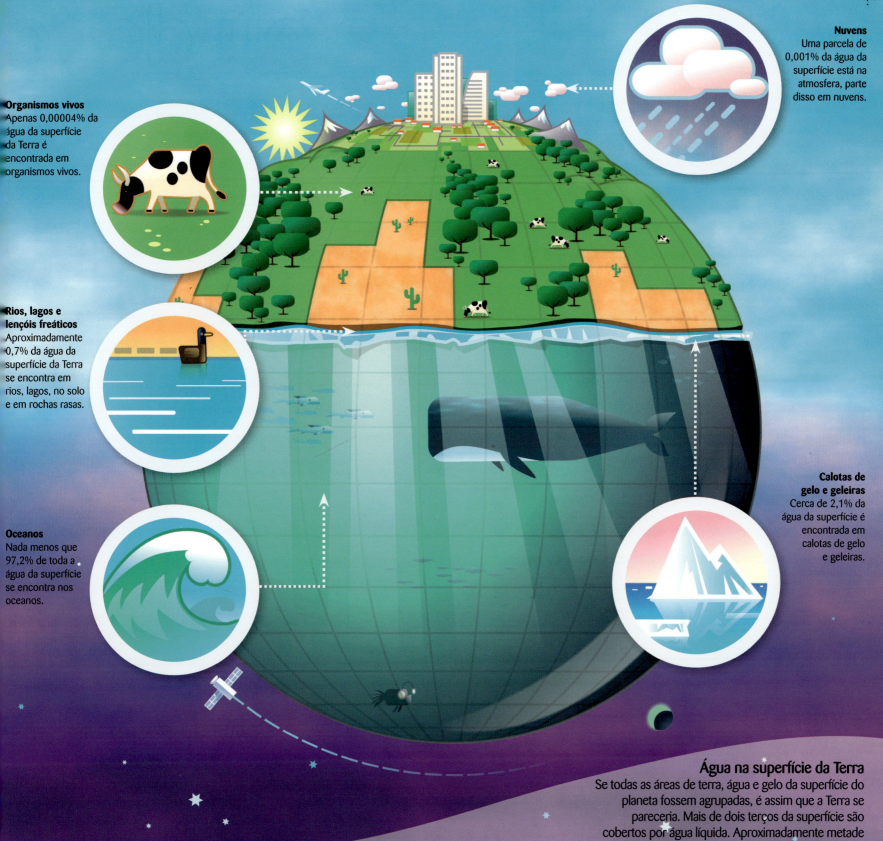

Organismos vivos
Apenas 0,00004% da água da superfície da Terra é encontrada em organismos vivos.

Nuvens
Uma parcela de 0,001% da água da superfície está na atmosfera, parte disso em nuvens.

Rios, lagos e lençóis freáticos
Aproximadamente 0,7% da água da superfície da Terra se encontra em rios, lagos, no solo e em rochas rasas.

Oceanos
Nada menos que 97,2% de toda a água da superfície se encontra nos oceanos.

Calotas de gelo e geleiras
Cerca de 2,1% da água da superfície é encontrada em calotas de gelo e geleiras.

Água na superfície da Terra
Se todas as áreas de terra, água e gelo da superfície do planeta fossem agrupadas, é assim que a Terra se pareceria. Mais de dois terços da superfície são cobertos por água líquida. Aproximadamente metade do gelo fica em terra e a outra metade flutua na água.

Água salgada ou doce

Qualquer pessoa que tenha engolido água do mar enquanto nadava sabe que ela tem sabor salgado. Na verdade, a maior parte da água líquida na superfície da Terra é encontrada nos oceanos. O sal, chamado de cloreto de sódio, vem do solo e de rochas da terra. Ao longo de milhões de anos, os rios têm levado, pouco a pouco, esse sal para o mar. A água doce é encontrada na maioria dos rios e lagos, em forma de gelo, e na atmosfera e contém muito pouco sal dissolvido. Não é saudável beber água do mar, mas sim água doce – desde que ela esteja livre de substâncias químicas ou micróbios.

TF	Água doce tropical
F	Água doce
T	Mares tropicais
S	Mares temperados – verão
W	Mares temperados – inverno

Boiando
A capacidade de um objeto flutuar na água é conhecida como flutuabilidade. A água fornece mais flutuabilidade quando contém sal dissolvido ou outras substâncias. O símbolo acima, chamado de linha de Plimsoll, é usado em cargueiros e indica até que ponto o navio pode receber cargas com segurança. A carga máxima em água do mar (T) levaria o navio a imergir um pouco mais se estivesse em água doce (F). Água quente oferece menor poder de flutuabilidade, então o navio imergiria mais ainda (TF).

Água doce
No ponto inicial de um rio, a água doce que ele contém é geralmente limpa e transparente. À medida que segue seu curso, o rio vai acumulando sedimentos e substâncias dissolvidas.

Foz
O ponto em que o rio encontra o mar é chamado de foz. Aqui, a água doce se mistura à do mar. A água nos estuários é salobra – mais salgada que a água doce, mas não tão salgada quanto a água do mar.

Oceanos
Os oceanos são salgados porque sua água está constantemente evaporando, enquanto os sais permanecem. Alguns lagos não possuem escoamento e também podem se tornar salgados.

Sal da Terra
Se toda a água dos oceanos evaporasse e o sal restante fosse empilhado sobre a superfície da Terra, uma camada de mais de 120 metros se formaria. É tanto sal que com ele daria para construir prédios de cerca de 30 andares cada, recobrindo a Terra.

Lago salgado
O mar Morto é um lago entre Israel e a Jordânia. Ele contém a água mais salgada do mundo – nove vezes mais salgada que a do mar. A alta salinidade aumenta a flutuabilidade no mar Morto, e os banhistas boiam facilmente.

Sal valioso
No Vietnã, o calor do sol está sendo usado para evaporar a água do mar em lagos artificiais. O sal que fica é acumulado, e as pessoas o vendem.

Escala de pH
Ácidos e alcalinos são substâncias químicas que podem causar reações intensas – os mais fortes podem "queimar" a pele. A escala de pH é usada para mostrar a acidez e a alcalinidade. A água pura é neutra – nem ácida, nem alcalina. Ela fica no meio da escala, com um pH igual a 7.

ESCALA de pH

- 0
- 1 — Ácido de baterias, ácido sulfúrico
- 2 — Suco de limão, vinagre
- 3 — Suco de laranja, bebidas com gás, vinho
- 4 — Chuva ácida, tomate, cerveja
- 5 — Banana, café
- 6 — Água da chuva, leite, urina
- 7 — Água pura, sangue
- 8 — Água do mar, ovos
- 9 — Sabonete
- 10 — Leite de magnésia, detergentes
- 11 — Amônia, produtos de limpeza
- 12 — Fermento
- 13 — Alvejantes
- 14 — Desentupidores

Extremamente ácido | Neutro | Extremamente alcalino

Água congelada

O gelo se forma nas partes mais frias do planeta – especialmente ao redor dos polos Norte e Sul e nos cumes das montanhas. Como observamos em cubos de gelo num copo, o gelo flutua na água. Se isso não acontecesse, os oceanos polares congelariam do fundo até a superfície. O gelo no topo funciona como um cobertor, reduzindo o resfriamento da água abaixo. Mais de três quartos de toda a água doce da superfície da Terra são gelo – aproximadamente metade fica em terra e a outra metade flutua no mar.

Iceberg
Um iceberg é um bloco gigante de gelo que se soltou de uma geleira ou lençol de gelo e flutua pelo mar. Esse processo se chama desprendimento. Em um típico iceberg, menos de 20% do gelo pode ser visto acima da superfície da água.

Por que o gelo flutua
Quando a água se aproxima do ponto de congelamento, suas moléculas vão se distanciando à medida que começam a formar cristais. Em consequência disso, a água gelada contém menos moléculas que a água quente, e por isso é mais leve. Assim, o gelo e a água quase congelada sempre flutuam sobre a água mais quente.

Gelo oleoso
No inverno, a água do mar nas regiões polares congela, criando vastas áreas de gelo. Quando isso começa a acontecer, cristais de gelo se aglomeram na superfície do mar. Os ventos e as ondas mantêm esses cristais em pequenos discos. O gelo fino se parece com gordura flutuando no mar, e é chamado gelo oleoso.

Flocos de neve
Quando o ar está gelado, cristais de gelo crescem ao redor de partículas de pó dentro das nuvens para formar flocos de neve. Quando ficam grandes e pesados o bastante, os flocos caem. Cada floco de neve contém 50 cristais de gelo ou mais, organizados em um desenho único de seis lados. Nenhum floco é idêntico a outro.

Gelo-panqueca
À medida que o gelo oleoso engrossa e é moldado por vento e ondas, ele se quebra em "panquecas" de gelo com bordas altas. Cristais de gelo seguram pouco ou nenhum sal; então, o sal da água do mar é empurrado para canais dentro do gelo e dali é expelido. Isso torna a água do mar embaixo do gelo ainda mais salgada.

Escorregadio como gelo
Estes patinadores estão na verdade patinando sobre uma fina camada de água líquida, com poucas moléculas de espessura, que se forma por cima do gelo. Quando os patinadores se movem, a camada líquida instantaneamente congela e retorna à forma de gelo. Os cientistas ainda não chegaram a um acordo sobre como exatamente ocorre a formação dessa camada.

Lençóis de gelo marinho
O gelo-panqueca geralmente congela e forma um lençol contínuo de gelo, com aproximadamente 1 metro de espessura na fase inicial. Todo inverno, lençóis enormes de gelo marinho crescem em direção ao sul, no oceano Ártico, e ao norte, no oceano Antártico, ao redor da Antártica.

Banquisas
Lençóis de gelo marinho com até 10 quilômetros são chamados de banquisas; lençóis maiores são conhecidos como campos de gelo. Muitas das banquisas se quebram durante os meses de verão, quando o clima esquenta. Ventos, ondas e correntes fazem com que as banquisas se esbarrem e isso ajuda a quebrá-las mais rápido.

Provas vindas do gelo
Um núcleo de gelo é uma coluna retirada de uma geleira ou de um lençol de gelo. O gelo contém ar e partículas de pó e pólen que ficaram presas há centenas ou milhares de anos. Quando analisado, o ar revela a proporção de gases na atmosfera naquela época. O pó e o pólen dão aos cientistas pistas valiosas sobre o clima de muito tempo atrás.

Árvore da vida
Durante a época das chuvas, este baobá na África amazena água para sobreviver à estiagem (estação seca). Fibras esponjosas dentro do tronco da árvore incham para amazenar mais de 100 mil litros de água, que são usados por habitantes locais em caso de seca.

Madeira sólida
A madeira existente em um tronco de árvore é feita de milhares de vasos que transportam água. As paredes desses vasos estão alinhadas com uma substância rígida chamada lignina, que dá à madeira sua imensa força. Cada "anel" da árvore representa um ano de crescimento.

Nas folhas, a água é usada para fabricar alimento por meio da luz do sol (fotossíntese).

A água evapora na atmosfera a partir dos poros na parte inferior das folhas.

Poro aberto
As folhas têm poros chamados estômatos no seu lado inferior. Eles se abrem e se fecham para controlar a perda de água da folha. O estômato mostrado aqui está aberto. Isso permite que o gás dióxido de carbono, do qual a planta precisa para a fotossíntese, entre na folha vindo do ar. Ao mesmo tempo, a folha expele água pelo poro.

Fator folha
Este corte do topo de uma folha mostra um grupo de células bastante aumentadas. As células achatadas no topo têm uma camada de cera em sua superfície superior, a qual impede que a água escape. A fotossíntese ocorre dentro de estruturas chamadas cloroplastos, que são os glóbulos verdes (coloridos artificialmente na foto) dentro das células longas.

Água e plantas

As plantas funcionam como minifábricas, realizando diversos tipos de processo – e necessitam de água para todos eles. A água transporta substâncias pela planta, da mesma forma que o sangue circula pelo corpo de uma pessoa. Todas as reações químicas de uma planta – como produzir alimentos usando a luz do sol (fotossíntese) – acontecem na água. Essa água é absorvida do chão através das raízes e representa pelo menos 80% de cada planta. A pressão da água dá suporte ao caule e às folhas.

Transpiração

A água evapora da superfície das células dentro das folhas e passa através dos poros para o ar. Essa perda de água é chamada de transpiração. O processo ajuda a planta, carregando água e nutrientes através dela. Entretanto, se a água transpirada não puder ser substituída por mais água do solo, a planta logo ficará murcha.

Vasos microscópicos no caule transportam água para as folhas.

A raiz principal leva água para o caule.

Pequenas raízes retiram água e nutrientes do solo.

Transportador de água

O interior de um caule está repleto de milhares de minúsculos tubos, chamados vasos. Eles são feitos de células que se conectam de ponta a ponta e depois morrem, criando canais vazios. Nesses finos tubos, a tensão de superfície age para puxar a água ao longo do caule. Isso é conhecido como ação capilar.

Fios de raiz

Raízes menores, como as destes brotos, são cobertas por centenas de pequenas protuberâncias chamadas fios de raiz. Eles criam uma enorme área para absorção de água. Cada fio de raiz tem somente 0,1 milímetro de largura e é coberto por uma camada única de células, o que permite retirar água e nutrientes do solo com facilidade.

Vida na água

Os cientistas acreditam que as primeiras formas de vida tenham surgido nas margens dos oceanos há mais de 3,5 bilhões de anos. Hoje, a maior parte da água tem abundância de vida, do plâncton microscópico às baleias. A água influencia diretamente o modo como vivem esses seres. Como ela é centenas de vezes mais pesada e espessa que o ar, suporta organismos mais facilmente. Porém, a água oferece mais resistência a movimentos; assim, grandes animais marinhos têm forma aerodinâmica, que os ajuda a deslizar facilmente pela água.

Plâncton vegetal
Estes anéis são placas calcárias no esqueleto de um cocolitoforídeo. Esse minúsculo organismo é um tipo de plâncton vegetal (fitoplâncton) dez vezes menor que um ponto final. Sendo tão pequeno, ele afunda muito devagar e não tem que fazer esforço para se manter à tona.

Plâncton animal
Este é o esqueleto de um radiolário, um pequenino plâncton animal (zooplâncton). Ele come organismos menores, como os cocolitoforídeos. Os espinhos ampliam sua superfície e aumentam o atrito com a água, ajudando-o a flutuar. Muitos tipos de radiolários contêm gotículas de óleo ou bolhas de ar que também os ajudam a se manter à tona.

Florescência de algas
Há tantos fitoplânctons no mar que eles podem formar grandes malhas verdes, chamadas de florescências de algas. As áreas de cor turquesa da foto são de fitoplânctons no mar do Norte, próximo à Escandinávia. Essas populações exercem a mesma função que as florestas na terra. Elas retiram dióxido de carbono e eliminam oxigênio no processo de fotossíntese, reabastecendo a atmosfera da Terra.

Peixes ósseos
Estes atuns, rápidos nadadores, são altamente aerodinâmicos, o que os ajuda a atravessar a água. O atum inspira água e retira oxigênio dela usando suas guelras, que ficam escondidas atrás de uma aba de cada lado da cabeça. Uma bolsa de ar dentro do corpo faz o peixe flutuar. Os atuns encontram suas presas usando células sensíveis ao longo de suas laterais que detectam vibrações na água.

Peixes cartilaginosos
Com um esqueleto de cartilagem leve, em vez de ossos pesados, e um fígado repleto de óleo, o tubarão adapta-se bem à água. Os tubarões têm um olfato muito apurado e conseguem detectar uma gota de sangue em uma piscina cheia de água. Poros especiais cheios de substância gelatinosa nas narinas do tubarão permitem que ele perceba os campos elétricos de suas presas e assim as localize.

Mamíferos marinhos
Apesar de se parecerem com peixes, as baleias são mamíferos. Elas têm pulmões e precisam subir à superfície regularmente para respirar. Mesmo uma baleia de grande porte tem um esqueleto fino, porque a água já suporta o peso do seu corpo. Se uma baleia encalha na costa, seu peso pode esmagar-lhe os órgãos internos e ela dificilmente sobreviverá.

Respirando na água
Este axolotle é um tipo de salamandra que vive no lago Xochimilco, no México. Como muitos animais aquáticos, ele absorve oxigênio da água através de suas guelras rosadas e felpudas. As guelras se desdobram para fora. Caso se desdobrassem para dentro, como nossos pulmões, elas logo se entupiriam de água.

Água parada

Lagos e lagoas são como poças gigantes, sendo que os lagos são maiores que as lagoas. A maioria é alimentada por água doce que vem da terra ao redor, ou que flui até eles através dos rios. Lagos e lagoas são especiais porque contêm água parada em vez de água corrente. Normalmente os lagos têm uma duração de centenas ou milhares de anos. Parece muito tempo para nós, mas, se comparados aos oceanos e à maioria dos rios, os lagos têm vida curta. Ao longo dos anos, partículas de sedimentos começam a se acomodar nos lagos, enchendo-os até que sequem.

Reservatórios
Nas florestas tropicais, pequenos reservatórios de água geralmente se formam em bromélias que crescem nos troncos e galhos das árvores. Nesses reservatórios abundam diversas formas de vida, de fito e zooplânctons a predadores tão grandes como sapos.

Terras úmidas
Pântanos e outras áreas onde o solo é alagado são conhecidos como terras úmidas. Essas áreas são reservatórios vitais de água que escoa para os rios. Plantas e micróbios removem substâncias prejudiciais da água à medida que ela atravessa as terras úmidas.

Lagos importantes

Baikal	Constança	Superior	Titicaca
Esse lago russo é o mais fundo do mundo e o maior em volume.	Localizado entre a Suíça, a Alemanha e a Áustria, o lago Constança fornece água para 4,5 milhões de pessoas.	O maior dos cinco Grandes Lagos norte-americanos, o Superior é também o maior do mundo em área.	À altitude de 3.812 metros, o Titicaca é o lago mais alto do mundo.

Piscina sazonal
Piscinas sazonais se enchem de água na estação úmida e secam na estação seca. Quando as chuvas retornam, ovos adormecidos se abrem e larvas jovens mudam de forma. A lagoa logo se enche de diferentes tipos de camarões.

Invadidos por junco
Quando um lago começa a se encher de sedimentos, o junco cresce em volta de suas margens e a área coberta de água fica menor. Mais tarde, plantas crescem onde antes existia junco, e o que era um lago se transforma em terra.

Lagos gigantes
Os maiores lagos são como mares em Terra. Com 25 milhões de anos, o lago Baikal, na Rússia, é o mais antigo do mundo. Surpreendentemente, ele não secou porque o movimento do solo está fazendo seu leito afundar mais rápido que a contínua sedimentação.

Vitória
O segundo maior lago em área é o Vitória, na África.

Rios

A maioria dos rios nasce como um pequenino riacho que corre por uma montanha. Eles são alimentados por neve e gelo derretidos, ou por água da chuva que vem do solo. A água segue o curso de fendas e dobras nas rochas à medida que flui montanha abaixo. Riachos se encontram e se juntam, ficando cada vez maiores, até que possam ser chamados de rios. Quando um rio atinge terrenos de menor altitude, quase sempre reduz a velocidade, aumenta de largura e toma um rumo sinuoso. Finalmente, grande parte dos rios deságua no mar.

Vale em forma de V
No alto das montanhas, o rio é estreito e flui rapidamente. Sua água carrega pedregulhos e pedras que erodem as laterais e o fundo do leito do rio, formando um vale em forma de V.

Água de degelo
Um riacho alimentado por gelo derretido, ou água de degelo, encolhe e expande com as estações. O riacho transborda de seu leito na primavera, mas no inverno pode ficar reduzido a somente um fio de água.

Cachoeira
A água que flui com rapidez nas partes altas dos rios pode esculpir cachoeiras. Se o leito mudar abruptamente de rochas duras para moles, o rio erodirá a rocha mais mole. Isso dará origem a um penhasco íngreme de rocha dura, o qual se transformará em cachoeira.

Corredeiras
Quando um rio corre sobre um leito de rochas variadas, as rochas mais moles se desgastam deixando as extremidades das rochas duras para fora da água. A água passa ao redor desses obstáculos, criando corredeiras.

Rios interessantes

Indo
Alimentado por neve no Himalaia, o rio Indo corre para o mar da Arábia.

Swift
Alimentado pelo degelo no Alasca, nos EUA, esse rio muda seu curso de um ano para outro.

Cataratas Vitória
Essas cataratas de 108 metros de altura no rio Zambeze são conhecidas como "Mosi-oa-tunya", a fumaça que troveja.

Mekong
Ao longo da fronteira da Tailândia e do Laos, o rio Mekong flui por corredeiras espetaculares.

Rios mais extensos do mundo

Nilo (África), 6.700 km. Possui dois importantes afluentes – o Nilo Azul e o Nilo Branco.

Amazonas (América do Sul), 6.430 km. Mais água flui através do Amazonas que em qualquer outro rio.

Yangtze (Ásia), 5.500 km. Alcançando profundidades de mais de 150 metros, o Yangtze é o rio mais profundo do mundo.

Huang He (Ásia), 5.460 km. Também conhecido como rio Amarelo, é o rio mais lamacento do mundo.

Lena (Ásia), 4.400 km. Seu curso inferior congela por vários meses durante o inverno.

Congo (África), 4.340 km. O segundo maior rio em volume de fluxo.

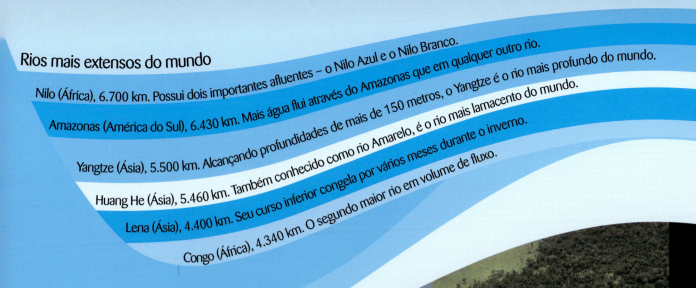

Rio maduro
No meio do curso de um rio, o solo se inclina menos, e o rio se alarga e flui mais lentamente. A água é quase sempre escura devido aos sedimentos que ela contém.

Planície aluvial
O solo ao longo do curso inferior de um rio é quase plano, diminuindo a velocidade da água. À medida que o rio se aproxima da desembocadura, o vale pode se tornar uma larga planície, coberta por sedimentos deixados quando o rio transborda.

Meandros
Nos cursos médio e inferior, o rio corre em curvas sinuosas chamadas meandros. Às vezes, ele encontra um curso mais curto, cortando o terreno que separa duas partes de um meandro. Isso dá origem a um lago abandonado, chamado de cotovelo, próximo ao rio.

Delta
Na sua foz, ou desembocadura, o rio deposita parte da areia, sedimento e argila que carrega. Isso pode criar uma larga plataforma, chamada de delta, que muitas vezes divide o rio em diversos canais. A maioria dos deltas tem forma de leque.

Tâmisa
Esse rio do Reino Unido recebe água de esgoto tratada de mais de 10 milhões de pessoas.

Amazonas
Em trechos de seu curso médio, o Amazonas tem mais de 16 km de largura.

Mara
Esse rio da África Oriental atravessa a savana, uma mistura de pastagens e árvores.

Mississípi
O delta do rio Mississípi, nos Estados Unidos, tem a forma de pés de pássaro.

Oceanos

Os oceanos são incrivelmente vastos. Juntos, eles somam mais de 95% do espaço habitável da Terra. As partes mais profundas do oceano chegam a mais de 10 km e o ambiente frio, escuro e de alta pressão no fundo é muito diferente das condições na superfície. Peixes e outros animais marinhos desenvolveram formas e técnicas de caça que lhes permitem sobreviver em diferentes profundidades.

Recifes de coral
Essas estruturas rochosas crescem em água morna, limpa, despoluída e rasa. São feitas de pólipos de coral – animais minúsculos que têm parentesco com anêmonas-do-mar e águas-vivas. Aproximadamente um terço dos animais dos oceanos e espécies de plantas vive entre os esconderijos e frestas dos recifes de coral.

Zona iluminada pelo sol
Localiza-se entre os 200 metros mais próximos à superfície do mar, onde há luz suficiente para que plantas marinhas façam fotossíntese (produzam alimento usando energia da luz). A zona iluminada pelo sol contém a maioria das criaturas marinhas que conhecemos.

Zona crepuscular
Somente uma pequena quantidade de luz do sol consegue atingir profundidades entre 200 e 1.000 metros. Nesse mundo escuro, algumas criaturas produzem sua própria luz (bioluminescência) para atrair predadores, confundir predadores ou identificar uns aos outros. Muitas criaturas sobem mais perto da superfície à noite para se alimentar de plâncton.

Tartaruga marinha
As oito espécies de tartaruga marinha existentes no planeta são répteis que respiram por pulmões. Sua dieta variada inclui águas-vivas. As fêmeas cavam ninhos na areia das praias, onde põem seus ovos.

Águas-vivas
Trata-se de animais invertebrados (animais sem coluna vertebral). A maioria nada vagarosamente em águas próximas à superfície. Elas usam seus tentáculos com ferrões para capturar animais menores.

Agulhão
O Agulhão caça peixes em alta velocidade, usando sua mandíbula em forma de espada para golpear e imobilizar sua presa. É o peixe mais rápido do mundo, atingindo velocidades de mais de 110 quilômetros por hora.

Peixe-víbora
Este peixe tem uma boca grande cheia de presas longas e curvas. O peixe-víbora sacode a espinha em sua barbatana dorsal para atrair presas à sua boca aterrorizante.

Peixe-lanterna
Grandes olhos ajudam os peixes-lanterna a localizar presas de zooplâncton. As partes que emitem luz em sua cabeça, dorso e parte inferior facilitam a esses peixes reconhecer outros membros de sua espécie.

Cachalote
Este cetáceo, um mamífero com respiração pulmonar, pode alcançar 18 metros de comprimento. Cachalotes adultos podem dar mergulhos incrivelmente profundos nas zonas crepusculares e escuras em busca de lulas.

Mergulhadores podem chegar a profundidades de até 282 metros.

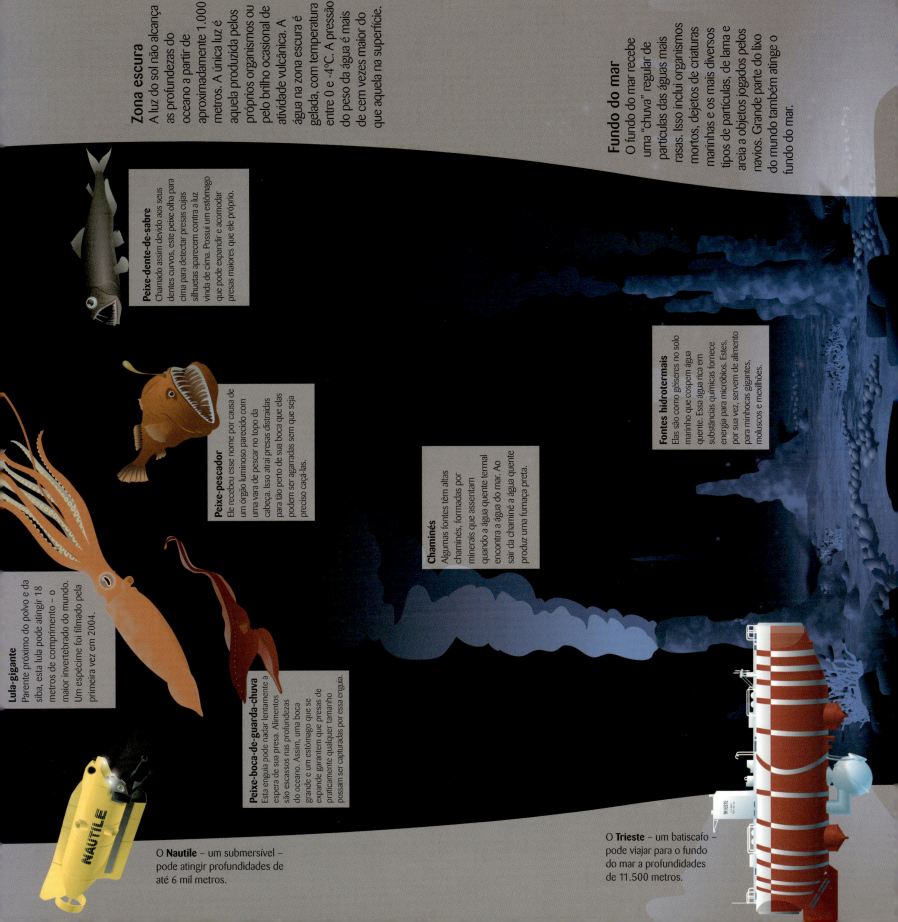

Marés e correntes

Atração gravitacional
Assim como todos os objetos grandes e densos do espaço, a Lua puxa outros objetos em sua direção. Isso é chamado de atração gravitacional. Como a Lua gira ao redor da Terra, ela puxa a água da superfície terrestre em sua direção. Isso cria um bolsão de água que viaja ao redor da Terra.

A água dos oceanos está constantemente em movimento. A força de atração da Lua arrasta a água pela superfície da Terra, produzindo ondas chamadas marés. Os ventos que sopram movem e conduzem a água do mar, criando fluxos de água chamados correntes e agitando sua superfície para produzir ondas. A Terra, ao girar em torno do seu eixo, também muda as ondas e as correntes, um efeito conhecido como força de Coriolis.

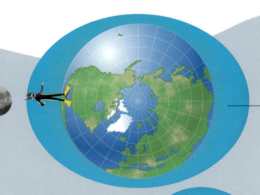

A maré alta ocorre onde a água do mar forma uma saliência devido à atração da Lua.

Maré alta
A baía de Fundy, no Canadá, canaliza água para um ponto estreito, onde ocorrem as maiores marés do mundo. Nessas ocasiões, a diferença de nível entre a maré alta (mostrada aqui) e a maré baixa pode ser de nada menos que 17 metros.

A maré baixa ocorre onde a água do mar é puxada para dentro da saliência.

Saliência de maré
A força de atração da Lua provoca as marés oceânicas. A água que está mais próxima à Lua é puxada para fora, criando uma saliência. Uma saliência similar aparece no lado oposto da Terra, já que ali a água está mais distante e sofre pouca atração. Nas saliências ocorre a maré alta, e em lugares onde a água se recolheu acontece a maré baixa. A maior parte das áreas costeiras tem duas marés altas e duas marés baixas por dia, à medida que a Terra gira.

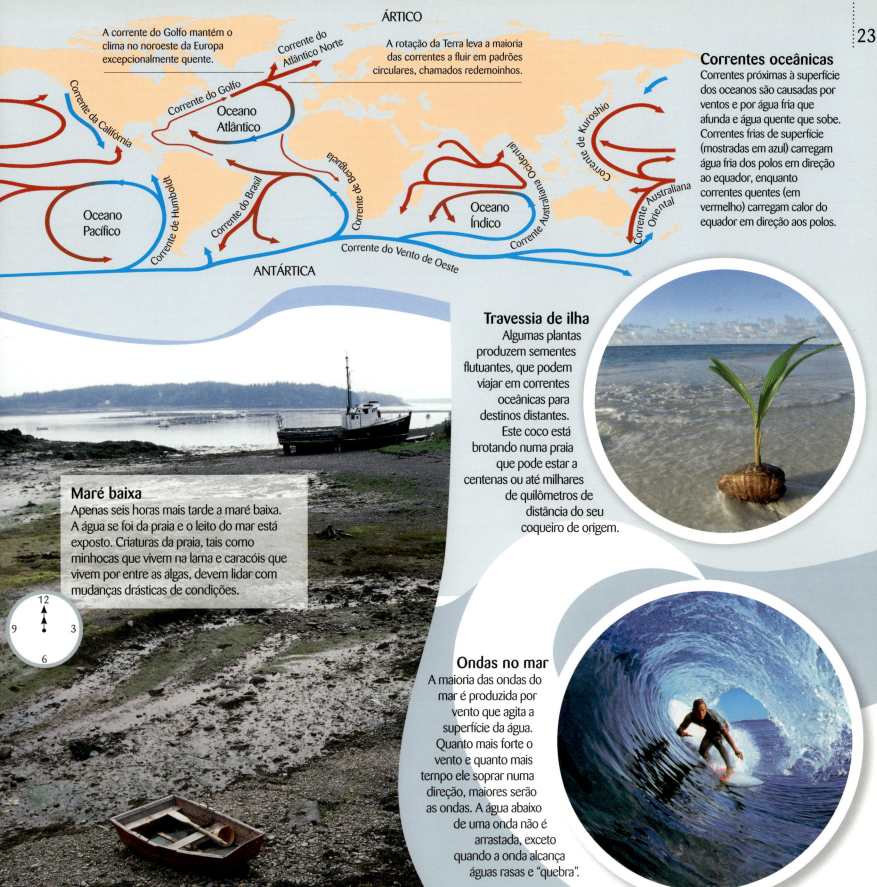

ÁRTICO

A corrente do Golfo mantém o clima no noroeste da Europa excepcionalmente quente.

A rotação da Terra leva a maioria das correntes a fluir em padrões circulares, chamados redemoinhos.

Corrente da Califórnia · Corrente do Golfo · Corrente do Atlântico Norte · Oceano Atlântico · Corrente de Humboldt · Corrente do Brasil · Corrente de Benguela · Corrente Australiana Ocidental · Oceano Índico · Corrente de Kuroshio · Corrente Australiana Oriental · Oceano Pacífico · Corrente do Vento de Oeste

ANTÁRTICA

Correntes oceânicas
Correntes próximas à superfície dos oceanos são causadas por ventos e por água fria que afunda e água quente que sobe. Correntes frias de superfície (mostradas em azul) carregam água fria dos polos em direção ao equador, enquanto correntes quentes (em vermelho) carregam calor do equador em direção aos polos.

Maré baixa
Apenas seis horas mais tarde a maré baixa. A água se foi da praia e o leito do mar está exposto. Criaturas da praia, tais como minhocas que vivem na lama e caracóis que vivem por entre as algas, devem lidar com mudanças drásticas de condições.

Travessia de ilha
Algumas plantas produzem sementes flutuantes, que podem viajar em correntes oceânicas para destinos distantes. Este coco está brotando numa praia que pode estar a centenas ou até milhares de quilômetros de distância do seu coqueiro de origem.

Ondas no mar
A maioria das ondas do mar é produzida por vento que agita a superfície da água. Quanto mais forte o vento e quanto mais tempo ele soprar numa direção, maiores serão as ondas. A água abaixo de uma onda não é arrastada, exceto quando a onda alcança águas rasas e "quebra".

Moldando o solo

A água é uma das mais poderosas forças que esculpem e moldam a superfície da Terra. Quer seja em sua forma líquida ou como gelo, a água constrói vales, altera o contorno litorâneo e carrega partículas de rocha através de rios e oceanos. Se ela desfaz rochas em partículas no local onde se encontram, o processo é chamado de desgaste. Se a água corrói a rocha e leva suas partículas de um lugar a outro, o processo é chamado de erosão.

Cortado por um rio
No norte do Arizona, nos Estados Unidos, camadas de sedimento depositadas no fundo de mares antigos foram trazidas ao solo por forças subterrâneas. Nos últimos milhões de anos, o poderoso rio Colorado vem cortando um vale de 1,6 quilômetros de profundidade, o Grand Canyon, através deste platô.

Erosão costeira
Quando uma onda de tempestade se choca contra uma costa rochosa, sua força pode ser tão grande quanto o impulso dos motores principais de um foguete espacial. Através dos anos, as ondas desgastam a beirada do terreno, abrindo fendas, deslocando pedaços de rocha e muitas vezes criando arcos naturais.

Pilares de rochas formados pela ação do tempo
Estes pilares de forma estranha são conhecidos por *hoodoos*. Feitos de rocha calcária mole, coberta por rocha mais dura, eles são esculpidos por gelo e chuva. No inverno, o frio e o gelo quebram as rochas. Em clima mais quente, a água da chuva, que é levemente ácida, lentamente dissolve o calcário e circunda as beiras do *hoodoo* para criar essas formas.

Rios de neve e gelo
Quando a neve e o gelo se fixam nas alturas, a gravidade pouco a pouco os puxa para baixo pelos vales. Isso forma um "rio" de gelo, conhecido como geleira. O gelo que se move entra em fendas nas rochas, desloca fragmentos de rocha e desgasta a base e as laterais do vale.

Água congelada
Água da chuva ou neve derretida entra em fendas nas rochas expostas. Se essa água congela, ela se expande e cria fatias de gelo. Isso pode causar enorme dano, aumentando a dimensão das fendas e quebrando a rocha.

Erosão biológica
As plantas contêm muita água. À medida que elas crescem, suas raízes e galhos se expandem e, muitas vezes, quebram e deslocam rochas. Este templo abandonado no Camboja está pouco a pouco sendo destruído por árvores invasoras.

Erosão química
Esta escultura de calcário de um pássaro em uma igreja francesa foi desgastada por séculos de chuva. O ácido contido na água da chuva dissolveu a pedra. Em anos recentes, o dióxido sulfúrico de emissões de usinas de energia elétrica e outros poluentes do ar têm deixado a chuva ainda mais ácida.

Sobre geleiras	Era do gelo	Velocidade das geleiras	Profundidade das geleiras	Perda de geleiras
	Aproximadamente 18 mil anos atrás, na última era do gelo, quase um terço de toda a superfície era coberta por neve e gelo.	Uma geleira típica se desloca ainda mais devagar que um caracol. Ela avança somente cerca de 10 metros em um ano.	As geleiras chegam a ter 3 mil metros de profundidade. Elas podem esconder um labirinto de riachos de água de degelo que esculpem o gelo.	O Parque Nacional dos Glaciares, nos Estados Unidos, já contou com 150 geleiras. Atualmente, restam apenas 27 delas.

O clima

Num dia quente de verão ou numa noite úmida de inverno, quando há ventos fortes ou tempestades de neve, é sempre a relação entre ar, água e calor a responsável pelo que acontece. As quantidades sempre variáveis desses três elementos produzem a grande gama de sistemas climáticos sentidos em todo o mundo. Nosso clima ocorre na parte mais baixa da atmosfera, que se estende cerca de 12 quilômetros sobre a Terra.

O ar se move em circuitos gigantes chamados células. Há três células em cada hemisfério. Esta é a célula polar do norte.

Esta célula fica sobre a região de meia latitude. Ela carrega ar quente para o norte sobre a Europa meridional.

Nesta célula tropical, o ar quente sobe próximo do equador e depois segue para o norte.

As células distribuem calor pelo mundo. Em geral elas carregam ar frio para longe dos polos e ar quente em direção a eles.

O ar quente e úmido (mostrado em vermelho) sobe e depois começa a resfriar. O ar frio (mostrado em azul) se aquece à medida que ele desce em direção ao solo.

Trópico de Câncer

Equador

Trópico de Capricórnio

Nesta célula polar, o ar frio está descendo sobre a Antártica. Ele retorna em direção ao equador a um nível mais baixo. Depois se aquece levemente e sobe de novo.

Circulação global de ar
Quando o ar se aquece, suas moléculas de gás se espalham e ocupam mais espaço. Isso torna o ar quente mais leve. Então ele sobe. Quando o ar está frio, as moléculas se agrupam e ocupam menos espaço. O ar frio é mais pesado, por isso desce. O fenômeno de subida do ar quente e descida do ar frio é chamado de convecção. Isso ajuda a gerar as grandes circulações de ar ao redor do mundo.

Padrões do tempo
Clima é o padrão do tempo em uma área particular ao longo de muitos anos. No equador, o tempo é sempre quente e geralmente úmido. Próximo aos polos, as condições são frias e geralmente secas. Entre o equador e os polos as condições do tempo variam. Mas, qualquer que seja o clima, ele molda as vidas das plantas e animais locais. A savana africana, mostrada aqui, apresenta um clima quente em que a chuva é altamente sazonal.

Sistemas frontais

Uma massa de ar é uma grande porção de ar na camada mais baixa da atmosfera. Ela pode ser quente ou fria, e úmida ou seca. É a maior responsável pelas condições do tempo abaixo dela. Quando duas massas de ar se encontram, elas formam as frentes, que trazem mudanças nas condições do tempo. Se o ar frio flui sob o ar quente, ele cria uma frente fria e produz tempo violento. O ar quente sobre o ar frio cria uma frente quente e traz chuva constante.

FRENTE FRIA
A rápida elevação cria nuvens altas, ocasionando quase sempre trovões e chuvas fortes.
O ar frio corta uma massa de ar quente, forçando-a a subir abruptamente.

FRENTE QUENTE
Camadas de nuvens se formam pouco a pouco, produzindo chuva constante ou garoa.
O ar quente se sobrepõe lentamente a uma massa de ar frio.

Chuvarada constante

Gotas de chuva se formam quando o vapor de água no ar ascendente muda do estado gasoso para o líquido (condensa). Isso dá origem a minúsculas gotas de água, as quais pouco a pouco se juntam para produzir gotas de chuva. A elevação que faz com que o ar suba e forme nuvens pode ocorrer com o aquecimento da água ou do solo úmido, com a colisão de ventos, no encontro de massas de ar ou quando o ar em movimento é forçado a subir a maiores alturas. Uma chuvarada pode descarregar de 2 a 5 centímetros de chuva em apenas uma hora.

Granizo

Pedras de gelo que caem das nuvens são chamadas de granizo. Ele se forma quando cristais de gelo sobem e descem repetidamente dentro de nuvens de tempestade. O granizo pouco a pouco acumula cada vez mais gelo, aumentando de tamanho até ficar pesado o suficiente para cair do céu. Em alguns lugares, podem chover pedras de granizo do tamanho de bolas de tênis.

Tempo louco

Os furacões se formam sobre os mares tropicais quentes, onde a água evapora rapidamente da superfície do mar. A água condensa mais alto na atmosfera, liberando calor. Isso cria grande instabilidade, com ventos que sopram a mais de 119 km/h e nuvens de tempestade que derramam chuva torrencial. Em 2005, o furacão Katrina forçou milhões de pessoas a evacuar o sudeste dos Estados Unidos e matou pelo menos 1.300 pessoas.

Nimbo-estrato

As nuvens são nomeadas por sua forma, altura na atmosfera (altitude) e outros fatores importantes. Em latim, *nimbus* significa "chuva" e *stratus*, "espessa". Por isso, estas são nuvens planas e espessas. Em geral de cor escura, elas causam chuva forte e prolongada.

Cúmulo

Se o céu estiver cheio de bolas gigantes de algodão, é porque nuvens do tipo cúmulo se juntaram – *cumulus* significa "monte" em latim.
Os cúmulos são vistos na maior parte das vezes em dias ensolarados.
Eles se formam pelo processo de convecção – o solo aquece o ar e este sobe em forma de "termais", que se resfriam para formar nuvens.

Nuvens

Não é comum olhar para um céu sem nuvens. Na maior parte do tempo há nuvens flutuando sobre nós. Elas resultam da umidade no ar que condensa para formar minúsculas gotas de água ou cristais de gelo. Essas gotículas ou cristais são tão pequenos que ficam suspensos no ar. Mas, quando grupos de gotículas ou cristais se juntam, eles ficam mais pesados. Nesse momento, gotículas de água caem em forma de chuva, enquanto cristais de gelo caem em forma de neve ou granizo.

Formação de nuvens

Uma nuvem do tipo cúmulo começa a ser formada como uma bolsa de ar especialmente quente e úmido. Sendo mais quente que o ar circundante, é também mais leve. Então ela começa a subir como um balão de gás hélio. Esse ar ascendente, chamado de "termal", se expande e resfria à medida que sobe. Quando a temperatura alcança o ponto de condensação, o ar começa a condensar em gotículas de água líquida, que formam a nuvem.

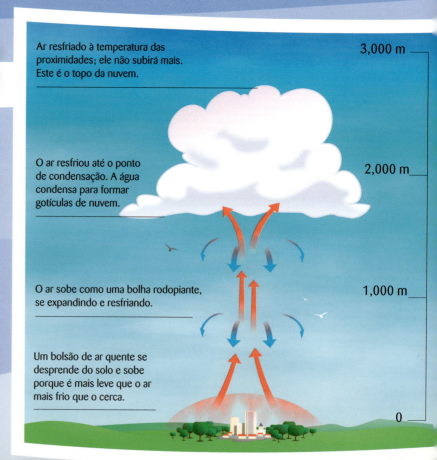

Ar resfriado à temperatura das proximidades; ele não subirá mais. Este é o topo da nuvem. — 3,000 m

O ar resfriou até o ponto de condensação. A água condensa para formar gotículas de nuvem. — 2,000 m

O ar sobe como uma bolha rodopiante, se expandindo e resfriando. — 1,000 m

Um bolsão de ar quente se desprende do solo e sobe porque é mais leve que o ar mais frio que o cerca. — 0

em movimento

Há um suprimento finito de água. Ele se move constantemente pelo planeta em miniciclos que podem levar horas ou milhares de anos para se completar. A água viaja por meio de canos, oceanos, florestas, desertos, rochas, animais, pessoas, alimentos que consumimos e pelo ar que respiramos. É bem possível que correntes do oceano carreguem pequenas porções da água do banho do imperador romano Júlio César. Esta figura mostra as diversas formas através das quais a água se move por uma cidade imaginária.

A chuva ácida ocorre quando substâncias químicas da atmosfera se misturam com chuva.

Muitas fábricas utilizam água para dissolver e diluir substâncias, lavar produtos e resfriar itens durante sua fabricação.

Em usinas de geração de eletricidade, parte da água usada é lançada no ar através de torres de resfriamento. A maior parte é devolvida para os rios.

Uma barragem ret... para armazená-l... água através da bar... pode gerar eletricid...

Nas cidades grandes o ar úmido jorra dos sistemas de ar condicionado dos escritórios e o vapor é expelido dos escapamentos dos carros.

Terras úmidas, como pântanos, brejos e charcos, agem como esponjas gigantes que armazenam água, limpam-na e fornecem um hábitat para os animais.

Nas cidades menores a água evapora de todas as superfícies úmidas, incluindo telhados e jardins. O vapor entra no ar através de chaminés.

Os rios recebem água que provém da terra. A maioria dos rios despeja suas águas no mar.

Um estuário é onde um... deságua no mar e a águ... se mistura à água do ma...

A estação de tratamento de esgoto trata a água de descarte de residências e empresas de modo que ela se torne segura para ser lançada em um rio.

Os dejetos dos banheiros são removidos das residências através dos encanamentos para uma estação de tratamento de esgoto.

Varal de roupas A evaporação é maior em dias quentes, secos e com vento. É quando a água de roupas úmidas evapora mais rapidamente.

...ma ducha ...ente utiliza ...roximadamente ... litros de água por ...nuto. A água usada ...sce pelo cano para ...m encanamento ... esgoto.

As plantações são geralmente abastecidas com água através de canais de irrigação. Parte da água é perdida devido à evaporação ao longo do processo.

A água salobra de uma usina de dessalinização pode ser usada em plantações que tenham tolerância ao sa...

O reservatório subterrâneo armazena a água antes que ela seja distribuída para residências e empresas.

Nas estações de tratamento, é possível melhorar a qualidade da água e torná-la própria para consumo.

...m lava-rápido utiliza ...elo menos 120 litros ... água por carro. ... água usada desce ...elo cano e logo ...lcança um esgoto.

As nuvens

90%
da água no ar vem dos oceanos

1801
é o ano em que as formas de nuvens foram classificadas pela primeira vez

Rastro de fumaça
é o rastro em forma de nuvem deixado por um avião

100
flashes de relâmpago ocorrem a cada segundo

10
é o número de tipos de nuvens comuns

Alto-estrato
Estas nuvens formam uma camada cinza a meia altitude, mais alta que o cúmulo e mais baixa que o cirro, e podem geralmente cobrir vastas áreas do céu. Elas são feitas de uma mistura de gelo e água. Quando a camada é fina, um sol fraco brilha através delas.

Cirro
Estas nuvens brancas e parecidas com plumas são apropriadamente chamadas de cirros – *cirrus* significa "fio de cabelo" em latim. Feitos de cristais de gelo, os cirros riscam o céu a grandes altitudes. Um tipo de cirro, o cirro-uncino, é conhecido como cauda de égua porque as nuvens se parecem com rabos de cavalos.

Cúmulo-nimbo
Uma tempestade de trovoadas está se armando quando cúmulos-nimbos totalmente formados se juntam no céu. Essas versões gigantes de cúmulos podem alcançar 8 quilômetros de altura. As maiores nuvens desse tipo podem causar furacões e tornados em partes mais quentes do mundo.

Ponto de condensação
A temperatura em que o vapor de água no ar começa a condensar e formar gotículas é chamada de ponto de condensação. Se o vapor de água condensa diretamente no solo, ele forma o orvalho.

Chão nebuloso
Névoa e neblina são apenas nuvens que se formam no nível do chão. A neblina é mais espessa que a névoa porque contém mais gotículas de água. Se a visibilidade for menor que 1 quilômetro, é classificada como neblina. À medida que o sol aparece, a neblina geralmente desaparece.

Ciclo da água

Precipitação
é a palavra usada para descrever as diferentes formas de água que caem ou vêm do céu. Isso inclui chuva, neve, chuva misturada com neve, granizo (pedras de gelo), geada e orvalho. Precipitação é a maneira pela qual a água no ar retoma para a superfície da Terra.

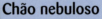

Percolação
é o movimento da água através do solo e das rochas. Ele começa com infiltração – a água encharcando o solo. A água pode levar de algumas horas a milhares de anos para se acumular em camadas de rocha subterrânea para abastecimento, chamadas de aquíferos.

Condensação

Precipitação

Evaporação

Percolação

Fluxo de água subterrânea

A água do mundo circula entre o mar, a terra e o ar. A medida que a água se move, ela geralmente muda de um estado – sólido, líquido ou gasoso – para outro. O ciclo da água é movido pelo calor do sol, o qual evapora a água do mar e da terra. Parte da umidade do ar se condensa, então, em gotículas de água ou congela em partículas de gelo, que podem cair em forma de precipitação. A água se acumula em rios e lagos e se infiltra nas rochas e no solo, seguindo por fim montanha abaixo até chegar ao mar.

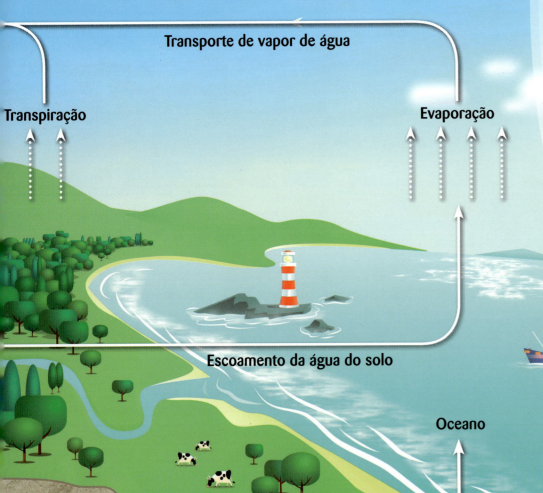

Transporte de vapor de água
Transpiração
Evaporação
Escoamento da água do solo
Oceano

Condensação
é o processo pelo qual um gás se transforma em líquido, conforme visto no orvalho nesta teia de aranha. Quando o ar resfria, o vapor de água se separa em gotículas, que podem formar nuvens. Quando as gotículas das nuvens se juntam, elas podem se tornar gotas de chuva, grandes o suficiente para cair do céu.

Evaporação
é quando moléculas de um líquido se liberam e se tornam gases (vapor). Constantemente a água evapora do mar, lagos, rios e superfícies úmidas, como, por exemplo, telhados. Isso acrescenta umidade ao ar, o qual viaja pelo planeta nos ventos, e ela finalmente cai em forma de precipitação.

Transpiração
é a evaporação de água das plantas. Ao canalizar água através de seu amplo sistema de raízes e folhas, as plantas tornam o processo de evaporação mais rápido que a evaporação diretamente do solo. Florestas tropicais densas liberam tanto vapor de água que chegam a ficar cobertas de névoa.

Corpo de água

A água é essencial à vida humana – ela representa mais da metade de nosso peso, é o principal componente de cada um dos nossos 100 bilhões de células, e sem ela morreríamos em apenas alguns dias. Para manter boa saúde, a quantidade de água dentro do nosso corpo deve permanecer praticamente constante. Perder 10% do nosso peso em água é o bastante para nos deixar seriamente doentes. A quantidade de água que sai do nosso corpo através da transpiração e da urina deve ser reposta pela frequente ingestão de bebidas e alimentos. Se o nível de água no corpo baixar, uma parte do cérebro chamada hipotálamo detecta a mudança e provoca a sede.

60%
50%

Peso
Homens adultos têm pelo menos 60% de água e mulheres adultas, 50%. Bebês têm 70% e podem adoecer em apenas algumas horas se a água que perderem não for reposta através do leite.

Pele à prova de água
A pele, e seu tecido interno, é o maior órgão do corpo humano. Ela fica protegida e é à prova de água graças a duas substâncias – sebo (óleo) e queratina. Produzido sob a pele nas glândulas sebáceas, o sebo é um óleo natural que mantém a camada mais exterior da pele, a epiderme, lubrificada e resistente à água. Também está presente na pele a queratina, uma rígida proteína que age como uma barreira, impedindo a entrada de líquidos.

Quantidade de água			
Sangue	Músculo	Gordura	Ossos
83%	75%	25%	22%

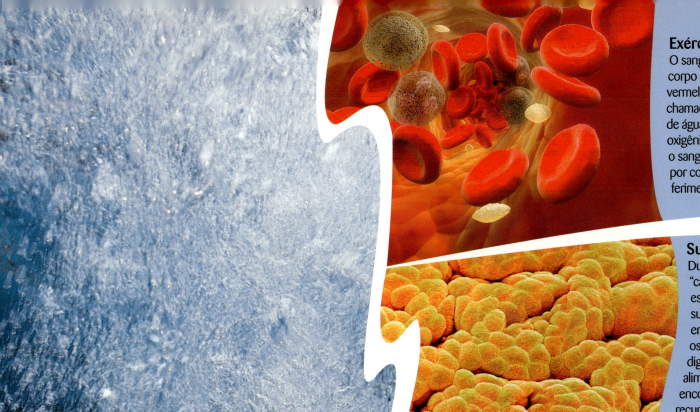

Exército de sangue
O sangue que circula em nosso corpo consiste de células brancas e vermelhas suspensas em um líquido chamado plasma, que contém 90% de água. Além de transportar oxigênio, alimentos e resíduos, o sangue também é responsável por combater doenças e curar ferimentos na pele.

Sucos digestivos
Durante uma refeição, estas "cavidades" na parede do estômago despejam meio litro de suco na comida. Esse suco contém enzimas digestivas que "quebram" os alimentos. Nos intestinos, sucos digestivos também "quebram" os alimentos. Quase toda a água encontrada nesses sucos é recuperada no intestino grosso.

Articulações flexíveis
A liberdade de se mover facilmente vem das articulações no esqueleto e dos músculos usados para dobrá-las. Os ossos seriam triturados e gastos nas articulações sem o fluido sinovial. Ele é secretado por uma membrana para lubrificar as articulações. Os espaços neste raio X de uma articulação do joelho estão cheios de fluido sinovial.

Produzindo suor
A água sai do corpo de quatro formas. Aproximadamente 1,5 litro de água sai do corpo por dia na forma de urina, 0,4 litro é eliminado pela respiração e cerca de 0,1 litro é perdido em resíduos sólidos ou fezes. Mais meio litro escapa da pele em forma de suor. Ao evaporar da pele, o suor ajuda a resfriar nosso corpo. Exercício físico, estresse e calor geralmente aumentam a produção de suor.

Energia hidráulica

A água é pesada, e encontrada em abundância na superfície da Terra e pode se mover com uma força razoável. A água tem o poder de trabalhar, o que a torna uma excelente fonte de energia. As pessoas usam represas para capturar a energia cinética (energia de movimento) e a energia potencial (tal como a energia liberada por uma diferença de altura) de um rio. Usinas hidrelétricas convertem a energia hidráulica em energia elétrica para abastecer residências, escritórios e indústrias.

Energia hidrelétrica
A represa Grand Coulee, no rio Colorado, nos Estados Unidos, é uma barreira construída através de um vale para reter e armazenar temporariamente a água corrente de um rio. Assim como em outras usinas hidrelétricas, a água flui por túneis ou tubos na represa, fazendo girar estruturas parecidas com propulsores chamadas de turbinas. Elas produzem eletricidade.

O poder das marés

Em alguns lugares, as marés podem ser utilizadas para produzir eletricidade. Isso requer uma grande onda, com uma diferença de nível de água nas marés alta e baixa de 7,5 metros ou mais. Barragens modernas operam de forma similar às usinas hidrelétricas. Algumas são bidirecionais, produzindo energia tanto do lado da maré que sobe quanto da que baixa. A Barragem Rance, na Bretanha, no norte da França, opera dessa forma e fornece eletricidade para mais de 150 mil lares.

Roda de Falkirk

A Roda de Falkirk, na Escócia, foi inteligentemente projetada para elevar ou baixar embarcações a uma altura de 24 metros usando bem pouca energia. Quando uma embarcação entra em uma das duas gôndolas da roda, ela empurra para fora uma quantidade igual de água, de forma que o peso da gôndola não se altera. As duas gôndolas são contrabalanceadas. Então, quando uma sobe, a outra desce. Para fazer girar a roda utiliza-se a mesma quantidade de energia necessária para ferver oito chaleiras de água.

Turbina gigante

Esta é uma das 33 turbinas da represa Grand Coulee sendo preparada para funcionar. Após sua instalação, a água passa através das pás da turbina, fazendo girar um eixo conectado a um gerador de eletricidade. A enorme pressão da água armazenada no reservatório atrás da barragem empurra água através das pás da turbina em alta velocidade.

Protesto em represa na Índia

Usinas hidrelétricas são uma fonte limpa e barata de energia. Entretanto, elas podem apresentar enormes desvantagens. Para se construir reservatórios, é necessário alagar grandes áreas, muitas vezes destruindo casas. Mudar o curso de um rio também pode espalhar doenças relacionadas à água. Estes habitantes de uma aldeia na Índia estão protestando porque uma represa inundará sua região, forçando-os a se mudar.

Gêiseres que expelem vapor

Rocha quente derretida do fundo da terra pode subir até bem perto da superfície e aquecer a água da chuva ali acumulada. Isso faz com que vapor e água quente sejam expelidos a intervalos regulares através de aberturas chamadas gêiseres, como mostrado aqui no Parque Nacional de Yellowstone, nos Estados Unidos.

Tirando água de poços

Em alguns lugares, as pessoas podem cavar um poço até atingir um lençol freático e alcançar reservas de água doce. Muitos poços são abastecidos por aquíferos – camadas de rochas subterrâneas, através das quais a água se move facilmente. Na maioria dos poços a água precisa ser bombeada até a superfície, mas em um poço artesiano a água sob pressão sobe naturalmente.

Lençol freático

A água subterrânea sobe a um nível chamado de lençol freático. Abaixo desse nível, quaisquer espaços entre partículas de rocha e solo estão cheios de água, de forma que o solo está saturado. O lençol freático geralmente se eleva e abaixa conforme as estações, elevando-se durante a estação úmida e abaixando durante a seca. A superfície da água de rios e lagos fica quase sempre no nível do lençol freático.

Água de superfície

Lençol freático

Zona insaturada

Zona saturada

Abaixo do lençol freático a água preenche os espaços entre partículas.

Sob a terra

Abaixo dos nossos pés se localiza um quarto da água doce da Terra. Qualquer água de chuva que não corra para rios ou lagos, ou que não evapore na atmosfera, infiltra-se no solo e nas rochas. Essa água viaja para o fundo até alcançar uma camada de rocha que seja dura demais para ser atravessada. Acima dessa camada, a água se acumula, ocupando fendas e espaços. Conhecida como água freática, ela abastece os poços e as fontes do mundo.

Formas das cavernas

A maioria das cavernas é esculpida pela ação da água dos riachos subterrâneos sobre a rocha calcária. Os riachos carregam a água da chuva, que é levemente ácida e dissolve o carbonato de cálcio no calcário. Uma vez formada a caverna, a água rica em carbonato de cálcio dissolvido pode pingar do teto. Isso acabará por formar estalactites – cones de carbonato de cálcio dependurados no teto. No solo onde gotejos se esparramam, crescem estalagmites em forma de vela.

Água urbana

Em pequenas e grandes cidades no mundo há uma constante demanda por água. Ela é necessária para múltiplos usos, como dar descarga nos banheiros, abastecer lava-rápidos e operar maquinário industrial. A água que chega a residências, escritórios e fábricas precisa ser de boa qualidade. E, uma vez usada, a água suja tem que ser descartada com segurança. Sob a terra, uma rede de canos transporta a água, levando-a e trazendo-a aos locais onde ela é necessária.

Tratamento de água
Esgoto é outro nome para água de descarte, que inclui resíduos líquidos de vasos sanitários, chuveiros e cozinhas. Canos subterrâneos carregam esses resíduos para uma estação de esgoto, onde as substâncias contaminantes são removidas. Nas estações de tratamento, a água de descarte é deixada em repouso, de forma que sólidos flutuantes possam ser varridos da superfície e sólidos que afundam possam ser removidos do tanque. A água poderá, então, ser filtrada e quimicamente tratada antes de retornar ao meio ambiente com segurança.

Segura para beber
A maior parte da água da torneira vem de um rio, fonte ou poço. A água doméstica é normalmente tratada em uma estação de abastecimento para que fique própria para o consumo. A água chega às nossas casas através de canos subterrâneos, cujo conjunto é chamado de rede de abastecimento.

Bactérias nocivas
Doenças como cólera, febre tifoide e poliomielite podem ser transmitidas pela ingestão de água contendo micróbios nocivos. Os micróbios mostrados aqui (aumentados com microscópio) vivem naturalmente no intestino humano. Esse micróbio, também encontrado em vacas, pode contaminar a água usada para beber e causar doenças em seres humanos.

Entrando pelo cano

A água que sai da pia desce por um cano de água de descarte principal que deixa a propriedade. Este, por sua vez, se liga a um cano maior ou canal subterrâneo chamado de esgoto. Redes de esgoto levam água de descarte, que viaja para baixo devido à gravidade ou é empurrada por bombas. Esgotos recebem todos os tipos de água de descarte, incluindo a água das ruas e dos escritórios e fábricas.

Robô do esgoto

Canos de esgoto geralmente se estendem até bem fundo no subsolo. Trabalhadores entram nos esgotos através de poços verticais para inspecionar danos ou entupimentos. Robôs inteligentes, carregados com luzes e uma filmadora, facilitam essas inspeções. Alguns robôs são operados por controle remoto, mas os cabos de controle podem se enroscar em algumas curvas. Os robôs mais modernos, como este modelo alemão, precisam somente de um mapa digital dos esgotos para chegar a qualquer ponto e examinar os canos.

Água para emergências

Hidrantes de incêndio são uma parte crucial dos sistemas de água para emergências. A água que abastece os hidrantes vem de grandes tanques, em geral localizados em topos de montanhas. Esses tanques costumam se conectar aos hidrantes por um sistema de canos construídos em forma de rede, o que permite que a água viaje de qualquer tanque para qualquer hidrante por meio de diferentes rotas. Os bombeiros, como estes de Nova York, conectam uma mangueira a um hidrante e abrem a válvula com uma chave inglesa. A água, então, sai do tanque, através dos canos, e jorra da mangueira em alta pressão.

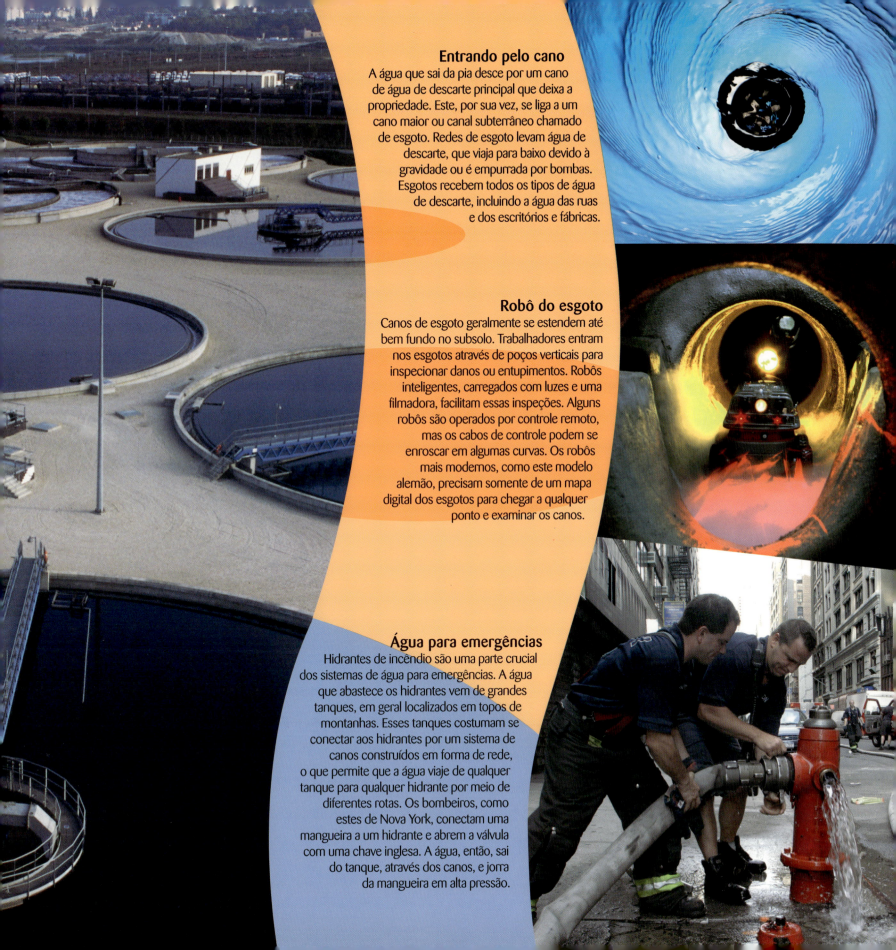

Esverdeando o deserto
É possível ter plantações em desertos, contanto que haja um pouco de chuva ou orvalho que possa ser coletado. Alternativamente, a água pode ser trazida de outro lugar. Com plantações bem juntinhas, como aqui no Chile, cria-se uma região de ar úmido ao redor das plantas, o que diminui a evaporação.

Microirrigação
Quando a água é pulverizada na terra, um quarto dela pode nem chegar às raízes da planta porque evapora da superfície do solo. Microirrigação é um sistema para levar água diretamente às plantas, por gotejamento, consumindo apenas o necessário. Aqui, uma plantação de cebolas está sendo irrigada dessa forma.

Água rural

Em todo o mundo, mais de 60% da água fornecida é usada na agricultura – para regar plantações e fornecer água potável e alimentos para animais domésticos. A irrigação, que controla o abastecimento de água para terrenos agrícolas, pode ser um meio eficiente de uso de água para fazendeiros. Porém, a demanda por água de pequenas e grandes cidades, assim como para a terra, quase excede a oferta, e as pessoas têm que encontrar meios para produzir "mais alimentos por gota de água gasta".

Água para criação de gado
A criação de gado de corte, como este, requer muita água para o seu desenvolvimento. Os animais bebem água diariamente, e a grama e outras plantas que eles comem precisam de água para crescer. Alimentos extras para o gado – como a cevada – também necessitam de água na sua produção. Se o gado for levado a galpões, estes têm que ser lavados regularmente. No todo, um único animal precisa de dezenas de litros de água por dia para manter-se saudável.

Terraços de plantio de arroz
Agricultores do sudeste da Ásia fazem melhor uso da terra cortando terraços nas laterais das montanhas. A chuva enche essas estreitas faixas de terra, o que as torna ideais para o plantio de arroz. Mais da metade da população do mundo depende do arroz como parte principal de sua alimentação.

Estufa
Cultivar plantas em uma estufa é um meio de conservar água, enquanto se controlam as condições nas quais as plantas crescem. A água que evapora do solo ou transpira das plantas permanece mais tempo em uma estufa. Plantações de alto valor, tais como as de tomates, são geralmente cultivadas dessa forma.

Canteiros de junco limpam esgoto
A água de descarte das fazendas é em geral rica em nutrientes, mas também pode conter resíduos e organismos de animais domésticos. Esses resíduos podem ser nocivos a pessoas e animais se lançados no mar ou em rios. Canteiros plantados com palha, como este na Escócia, podem limpar naturalmente a água de descarte. Bactérias (micróbios) no solo abaixo da palha digerem o esgoto e ajudam a purificar a água.

Água para produção de alimentos
É surpreendente quanta água é usada para produzir alimentos – e como a quantidade necessária é variável. O plantio de arroz precisa de quase o dobro da quantidade de água utilizada no cultivo de laranjas, considerando a mesma produção em peso dos dois vegetais. Derivados animais, tais como carne de frango e bovina, requerem maiores quantidades ainda. Isso ocorre porque animais domésticos se alimentam de plantas que já foram cultivadas com o uso de água, e os animais também precisam de seu próprio suprimento de água. Este gráfico compara a quantidade de água necessária para produzir 1 quilograma de alguns alimentos.

laranjas precisam de 1.000 litros

trigo precisa de 1.200 litros

arroz precisa de 2.000 litros

Carne de frango precisa de 6.000 litros

Carne bovina requer 15.000 litros

Água e indústria

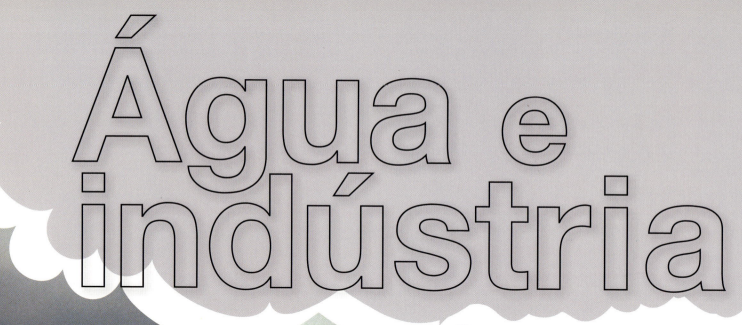

De alimentos a tecidos, lápis de cor a carros, petróleo a papel, quase tudo o que usamos ou consumimos precisa de água para sua produção. A água pode ser envolvida em reações químicas, como produzir hidrogênio ou fabricar plásticos. Em muitos casos, a água age como solvente, dissolvendo e diluindo substâncias químicas. Para as indústrias metalúrgica e elétrica, a água transfere calor, resfria objetos e limpa produtos. Em alguns países desenvolvidos, mais da metade de todo o suprimento de água é usada pelas indústrias.

Torres de resfriamento
Em usinas elétricas, o processo de queima de combustíveis fósseis libera calor. Isso transforma grandes quantidades de água líquida em vapor, que move turbinas para produzir eletricidade. Dentro das torres de resfriamento de uma usina elétrica, a evaporação resfria a água de descarte, de forma que ela possa ser devolvida ao rio no qual se originou.

Usinas petroquímicas

Bem abaixo do leito do mar e de algumas partes do solo há petróleo e gás natural. Esses combustíveis fósseis são extraídos para a indústria petroquímica. Eles são empregados na produção de substâncias químicas orgânicas (que contêm carbono), na fabricação de plásticos, tintas, detergentes e outros produtos domésticos. A água tem um papel essencial – 10 litros são necessários para produzir apenas 1 litro de gasolina.

Fabricação de papel

Aproximadamente 1 litro de água é usado para fazer cada folha de papel A4 sobre a qual escrevemos. A fabricação de papel começa com a quebra de pedaços de madeira em fibras através de vários estágios de lavagem, aquecimento e tratamento. Fibras flutuantes de madeira são coletadas, então, em uma superfície plana perfurada e a água é retirada, formando uma grande folha de papel.

Jato de areia

A água lançada a alta pressão tem imenso poder de corte. Se partículas de areia ou pedras (chamadas de "abrasivos") são misturadas com essa água, o vapor pode cortar como uma faca ou um formão. Aqui, um jato de água e abrasivo está sendo lançado para cortar uma rocha de arenito.

Água de descarte

Todas as indústrias produzem água de descarte, a qual contém substâncias químicas que podem ser nocivas a animais e pessoas. Essa água é geralmente tratada antes que possa ser lançada com segurança no meio ambiente. Aqui, água de descarte de uma indústria química está sendo despejada em uma praia.

Tingindo seda

Estes saris coloridos da Índia são feitos de seda. As fibras são primeiramente lavadas, desembaraçadas e tecidas usando-se grandes quantidades de água, e depois são transformadas em tecidos. Em seguida, mais água é usada para tingir e lavar a seda, antes de ela ser cortada e costurada.

Nossos rios e mares estão se tornando cada vez mais poluídos – por pessoas e indústrias que lançam altos níveis de substâncias nocivas no meio ambiente. Quase tudo o que derramamos, jogamos fora, queimamos ou enterramos encontrará seu caminho para o mar. Mesmo gases que flutuam em forma de partículas na atmosfera são finalmente depositados na água, enquanto a chuva que cai pode carregar poluição proveniente do ar ou da terra.

Água suja

Nutrientes em excesso
Este rio da Tailândia é rico em nutrientes, tais como nitratos e fosfatos que foram levados dos campos para a água. Pessoas também lançaram esgoto sem tratamento no rio. A água rica em nutrientes provocou o surgimento de plantas microscópicas chamadas fitoplâncton, as quais mancharam o rio de verde. Mas poucos organismos podem sobreviver a essas condições, e micróbios do esgoto são uma ameaça à saúde.

Resíduos de minas
Esta mina de cobre lançou a água de descarte poluída em um rio. Ela está carregada de partículas de rocha, os sedimentos, juntamente com vestígios de cobre e outros metais pesados. As partículas asfixiam plantas aquáticas e pequenos animais, e os metais pesados podem ser venenosos para plantas e animais. Atualmente, na maioria dos países desenvolvidos, esse tipo de poluição é ilegal.

Águas contaminadas

Em novembro de 2002, o petroleiro *Prestige* se quebrou e afundou na costa da Espanha. Mais da metade da carga de óleo combustível do navio foi derramada no oceano Atlântico. O óleo combustível contém substâncias venenosas que podem ser absorvidas pelo plâncton e pelos peixes, e, consequentemente, são passadas para o organismo que os ingerir. Depois desse derramamento, toda a pesca local teve que ser suspensa.

Baleias ameaçadas

Substâncias químicas nocivas no rio São Lourenço, no Canadá, estão ameaçando a população local de belugas (as baleias-brancas). Metais pesados e pesticidas são despejados no rio e ingeridos pelos peixes e moluscos dos quais as baleias se alimentam. Quando essas substâncias chegam aos tecidos das belugas, podem causar câncer e outras doenças que ameaçam a vida desses animais.

Operação limpeza

É melhor prevenir a poluição do que ter de despoluir depois. Aqui, um derramamento de óleo está sendo contido com barreiras flutuantes, para depois ser sugado por um navio. Entretanto, na maioria dos casos de poluição não há forma de recuperar as substâncias nocivas depois de elas terem sido lançadas no meio ambiente.

Enchente

O excesso ou a falta de água podem ter consequências devastadoras. Quando rios transbordam, ou um tsunami acontece, as enchentes resultantes podem arrastar edifícios, plantações, gado e pessoas. No outro extremo, a falta temporária de água pode matar plantações e gado. Durante secas em países pobres, as pessoas morrem de falta de alimentos e água limpa. A extensão dos danos a pessoas afetadas por enchentes ou secas depende do clima local e dos recursos disponíveis para combater seus efeitos.

Enchentes de monção
Em muitos países asiáticos, da Índia ao Japão, enchentes acontecem a cada ano. No verão, ventos de monção trazem chuva torrencial que alaga pequenas e grandes cidades. As áreas de maior risco se localizam nas desembocaduras de importantes rios, como o Ganges e o Yangtzé.

O furacão ataca
Em alguns lugares, enchentes são eventos tão raros que os serviços de emergência não estão preparados para enfrentá-las. Em 29 de agosto de 2005, o furacão Katrina atingiu violentamente a cidade americana de Nova Orleans. Ele criou uma onda de quase 9 metros de altura. A água cobriu as barragens (grandes diques) construídas para proteger a cidade das enchentes. Helicópteros jogaram sacos de areia num esforço para conter o rompimento.

e seca

Enchentes e secas

3 milhões de pessoas por ano perdem suas casas em enchentes

13 m de chuva por ano em Lloro, Colômbia, fazem desse lugar o mais úmido da Terra

1 em 12 pessoas sofre cronicamente com falta de água

30% das terras do mundo poderão sofrer com a seca até o fim deste século

m solo seco

escassez de água ocorre com frequência em muitos gares, incluindo o sudeste da Austrália, o sul da alifórnia, nos Estados Unidos, e o Sudão, na África. ma leve mudança na circulação do ar é o suficiente para ue os ventos carregados de umidade que chegam num eterminado ano não retornem no ano seguinte. Enquanto aíses ricos compensam isso trazendo água de outras partes e seu território, em países mais pobres a escassez de água ode significar enorme perda de vidas.

Avanços do deserto

A expansão do deserto em terras agrícolas é chamada desertificação, e trata-se de um problema crescente. Apesar de isso se dever parcialmente às mudanças climáticas globais, a falta de vegetação rica em umidade também causa a desertificação. Quando o gado pasta demais ou agricultores queimam vegetação, a desertificação é acelerada. Aqui, na China, trabalhadores estão fazendo plantações adequadas para ajudar a recuperar o solo.

Precipitação pluviométrica no mundo

A precipitação pluviométrica média varia muito, conforme mostra o mapa. Perto da costa, onde sopram ventos úmidos, a quantidade de chuva é geralmente grande. As condições são mais secas no interior – como na América do Norte e na Ásia. Perto do equador, a subida de ar quente e úmido provoca chuvas fortes. Onde o ar seco desce, como em partes da América do Sul, sul da África e Austrália, há desertos. Existem lugares com menos de 250 milímetros de chuva por ano.

Precipitação anual
- Menos de 500 mm
- 500–2.000 mm
- Mais de 2.000 mm

Oceano Pacífico · AMÉRICA · Oceano Atlântico · EUROPA · ÁFRICA · ÁSIA · Oceano Índico · OCEANIA

Aquecimento global

No século passado, a temperatura da superfície da Terra aumentou 0,6°C. Enquanto isso, os níveis de dióxido de carbono na atmosfera subiram quase 25%. Muitos cientistas encontraram relação entre essas mudanças. O dióxido de carbono é um "gás estufa", o que significa que ele absorve raios infravermelhos – calor que irradia da Terra. Mais dióxido de carbono vem da queima de carvão, óleo e gás de residências, escritórios, veículos e indústrias. Quanto maior a quantidade desse gás no ar, mais calor fica preso na atmosfera e a superfície do planeta se aquece. Essa pode ser a causa do aquecimento global atual, que está mudando a distribuição de água no planeta.

Degelo
Um efeito do aquecimento global é o degelo das áreas próximas aos polos Norte e Sul. A extensão do gelo marinho no Ártico tem diminuído. O gelo marinho que derrete não afetará o nível do mar porque ele já está na água. Porém, o gelo em terra que derrete e corre para o mar elevará o seu nível. Esta geleira no Alasca está despejando gelo no mar.

Inundação de ilhas
Cercada pelo oceano Índico, a pequena cidade de Male, nas ilhas Maldivas, está a pouco mais de 1 metro acima do nível do mar. Especialistas em clima estimam que o aquecimento global deva aumentar o nível dos oceanos em 0,5 metro nos próximos cem anos. A maior parte desse aumento virá da expansão da água do mar em decorrência do seu aquecimento. Ilhas tropicais como as Maldivas correriam, então, grande risco de ser inundadas.

Poluição do trânsito
Estes táxis de Nova York estão lançando dióxido de carbono na atmosfera através de seus escapamentos. Nos Estados Unidos, aproximadamente 33% das emissões de dióxido de carbono vêm da queima de gasolina ou diesel dos carros. Outros 40%, da queima de combustíveis fósseis para produzir eletricidade. Uma forma de combater o aquecimento global seria encontrar alternativas à queima de combustíveis fósseis. Isso ajudaria a conter os níveis crescentes de dióxido de carbono na atmosfera.

Alerta do tempo
Com o aquecimento global, o tempo em quase todo o mundo ficará mais imprevisível. Condições extremas, o que inclui furacões e tempestades de neve como esta em Nova York, nos Estados Unidos, ocorrerão com mais frequência.

Desastre nas plantações
Esta plantação de milho no Texas, nos Estados Unidos, está murchando com o calor do sol. O aquecimento global causará secas (falta de água) em lugares onde elas em geral não ocorrem. Os agricultores dessas regiões terão que plantar outras sementes, ou cultivar tipos especiais das mesmas que plantam atualmente, mas que sejam resistentes a secas.

Novas pastagens
Se o aquecimento global continuar, partes do mundo se tornarão mais quentes e úmidas, enquanto outras se tornarão mais frias e secas. Essas mudanças causarão alterações na distribuição de animais, que se mudarão para os climas que mais lhes agradarem. Por exemplo, enxames de gafanhotos que atualmente comem plantações no noroeste da África poderão se mudar para o sul da Europa e a Ásia ocidental.

O futuro

O abastecimento de água no futuro está em risco. Por isso, cientistas e engenheiros desenvolvem tecnologias para fazer o melhor uso desse recurso essencial. Entretanto, existem graves desequilíbrios – muitos países desenvolvidos desperdiçam, enquanto outros em desenvolvimento não têm água suficiente. Se as pessoas quiserem ter sua porção justa de água, e de modo que o meio ambiente não seja posto em risco, todos terão que reciclar e conservar água com mais eficiência do que fazem hoje.

Aumento na demanda
Como a população do mundo continua crescendo, mais pessoas estão disputando os recursos naturais. Em muitas áreas, a água doce para beber, para irrigação e saneamento básico está ficando cada vez mais rara.

Olhos no céu
Satélites podem retransmitir informações cruciais para especialistas em terra. Em 2007, cientistas europeus lançaram o primeiro satélite medirá a salinidade da superfície do mar. Esta imagem do satélite ENVISAT do mar de Aral mostra como esse lago gigante foi reduzido a um conjunto de lagos menores.

Projeto Éden
Este complexo ambiental na Cornualha, na Inglaterra, concentra uma série de estufas em forma de bolha que abrigam plantas de diversas regiões climáticas. Estudar essas comunidades de plantas ajuda os cientistas a entender como a água é usada e reciclada na natureza. Por sua vez, isso fornece ideias para as formas como as pessoas podem trabalhar em harmonia com a natureza, a fim de maximizar a reciclagem e minimizar o desperdício.

Tecnologia oceânica
Engenheiros estão estudando como utilizar fontes de água anteriormente indisponíveis. No mar Mediterrâneo (ao lado), água doce está sendo canalizada para a superfície a partir de uma fonte localizada a 36 metros de profundidade no leito do mar. A água flui naturalmente no subsolo a partir dos Alpes montanhosos da Europa. Os navios que passam podem parar e coletar essa água.

Criação de peixes
Hoje em dia, mais de 30% dos peixes consumidos são criados em lagoas ou tanques. Essa porcentagem aumentará à medida que as pessoas continuarem a pescar em excesso no mar aberto. Com as águas costeiras se tornando cada vez mais populosas – em grande parte devido ao lazer –, tecnologias estão sendo desenvolvidas para estabelecer criadouros de peixes em alto-mar.

Um mundo com água segura
Em março de 2005, as Nações Unidas lançaram sua campanha Década da Água para a Vida (2005-2015). No momento, cerca de uma entre seis pessoas no mundo não tem acesso a água potável. Um dos objetivos da campanha é melhorar esse número, ajudando comunidades a construir instalações para cavar poços e bombear água de aquíferos.

Fatos e números

- A quantidade de água que chega à Terra a cada ano, trazida por cometas e meteoritos, é quase igual à que escapa da terra para o espaço.

- A Represa das Três Gargantas, na China, deveria proteger aproximadamente 300 milhões de pessoas de enchentes. Porém, 2 milhões de pessoas tiveram que se mudar por causa do lago que abastece a represa.

- Em alguns países industrializados, aproximadamente 30% da água usada nas residências é para dar descarga nos banheiros.

- Nos Estados Unidos, animais de criação produzem 13 vezes mais resíduos sólidos e líquidos que a população humana.

- Mais da metade da população dos Estados Unidos depende de água freática para o abastecimento de água.

- Frutas e verduras são basicamente constituídas de água – tomates têm 95% e maçãs, 85%.

- Algumas ilhas gregas recebem sua água potável de navios que rebocam sacos gigantes com 2 milhões de litros.

- Na Namíbia, no Nepal e na Noruega, mais de 90% da eletricidade é produzida por usinas hidrelétricas.

- Uma torneira que pinga uma vez a cada 10 segundos desperdiça mais de mil litros de água por ano.

- Quando um relâmpago atinge uma árvore, a água contida nela pode ferver, causando a sua destruição.

- A Organização Mundial de Saúde estima que três pessoas morrem por minuto devido a água e saneamento impróprios. A maioria é constituída por crianças.

- Atualmente, mais de 90% das geleiras do mundo estão diminuindo em razão do aquecimento global.

- O Canadá possui a linha costeira mais comprida do mundo.

- O aquífero Ogallala, nos Estados Unidos, contém "água fóssil", cuja idade é estimada em dezenas de milhares de anos.

- Europa, uma das luas do planeta Júpiter, pode conter oceanos gigantes abaixo de sua superfície.

- Nos últimos 200 anos, aproximadamente metade das terras úmidas do mundo foi perdida, sobretudo devido à drenagem, para a agricultura.

- A maior parte das residências no mundo não possui torneira para água potável. A maioria das pessoas tem que buscar sua água em uma rede de abastecimento na comunidade.

- A quantidade de água na Terra tem permanecido mais ou menos constante há milhões, talvez bilhões de anos.

- Ao passar através da água em um processo controlado, a eletricidade divide em seus elementos básicos: hidrogênio e oxigênio. Esses gases podem ser coletados.

- Água equivalente a 350 mil piscinas olímpicas evapora da superfície da Terra por dia.

- No Reino Unido, uma família média gasta menos de 0,02% de sua renda em água. Em Uganda, uma família gasta mais de 3%, enquanto na Tanzânia esse custo é de mais de 5%.

- Cada vez que escovamos os dentes deixando a torneira aberta, desperdiçam-se até 7,5 litros de água.

- Em países desenvolvidos, mais de dois terços da água de descarte industrial são jogados no meio ambiente sem tratamento.

- A superfície de Marte é marcada por valas, que podem ter sido rios no passado. A água em Marte, hoje, está congelada.

- O telhado do Aeroporto de Frankfurt armazena mais de 15 mil litros de chuva por ano. Essa água abastece jardins, banheiros e outras instalações.

- O mar Morto é como um lago sem ligação com o mar aberto. Ele está 415 metros abaixo do nível do mar e é a porção de água mais baixa da Terra.

- Um carvalho transpira cerca de mil litros de água por dia – o equivalente a três banheiras cheias de água.

- Em alguns rios, como o Amarelo, na China, tamanha é a quantidade de água usada por pessoas que eles secam antes de chegar ao mar.

- Os rins humanos filtram aproximadamente 170 litros de sangue para cada litro de urina que produzem.

- As 24 horas mais úmidas aconteceram em 16 de março de 1970, quando 1,9 metro de chuva caiu na ilha da Reunião, no oceano Índico.

- Cientistas calculam que, se a Terra estivesse 8% mais próxima do Sol, a vida aqui não teria surgido. A temperatura seria muito quente para permitir a existência de água líquida.

- Se toda a água dos Grandes Lagos fosse distribuída pelos Estados Unidos, o chão ficaria coberto com 3 metros de água.

- Em partes da China, da Índia e dos Estados Unidos, a água dos lençóis freáticos está sendo consumida mais rápido do que a sua reposição. Por isso, os lençóis freáticos estão diminuindo drasticamente.

- A Austrália é a grande ilha habitada mais seca do mundo, com média de chuva de apenas 455 mm anuais.

- Em 3 de setembro de 1970, uma pedra de granizo de 0,77 quilograma caiu no estado do Kansas, nos Estados Unidos.

- Aproximadamente 80% das enfermidades e doenças em países em desenvolvimento são relacionadas à água.

- Desde 1957, o mar de Aral, no Casaquistão, encolheu dois terços em volume, uma vez que sua água foi usada para irrigar o solo.

Linha do tempo

Dos primeiros agricultores, que desviavam água dos rios para alimentar suas plantações, até os engenheiros, que projetam as imensas represas de hoje, as pessoas têm se interessado em explorar e controlar a água. Nesta linha do tempo, você pode acompanhar alguns dos eventos mais importantes relacionados à água nos últimos 4 bilhões de anos.

Aprox. 4 bilhões de anos atrás
Os primeiros oceanos da Terra se formam – possivelmente como resultado do resfriamento de gases quentes dos vulcões.

Aprox. 180 milhões de anos atrás
Todas as massas de terra do mundo se juntam em um supercontinente, conhecido como Pangeia, cercado por um oceano, chamado Pantalassa.

Aprox. 9000 a.C.
Agricultores na Mesopotâmia (atual Iraque) cultivam as primeiras plantações de cereais usando métodos de irrigação.

Aprox. 4000 a.C.
Os antigos egípcios constroem grandes barcos a partir de papiro tecido.

Aprox. 600 a.C.
Os romanos usam redes de esgoto subterrâneas em suas cidades na Europa.

Aprox. 550 a.C.
Nabucodonosor da Babilônia manda construir uma grande represa entre os rios Tigre e Eufrates, criando um grande lago.

Século III a.C.
O cientista grego Arquimedes toma um banho e descobre que um corpo desloca o mesmo volume de água.

Século II a.C.
Aquedutos são muito usados no Império Romano para transportar água sobre o solo e através de vales.

Século I a.C.
O inventor e matemático grego Heron de Alexandria constrói um motor a vapor simples.

Aprox. 980 d.C.
O engenheiro chinês Jiao Weiyo constrói uma eclusa que permite que um barco se mova entre diferentes níveis de um canal.

1687
O cientista inglês Isaac Newton explica a força gravitacional da Lua causa marés na Terra.

1674
O cientista inglês Robert Boyle relata como temperatura e pressão mudam conforme a profundidade do mar.

1742
O sueco Anders Celsius cria a escala de temperatura Celsius, baseada nos pontos de congelamento e ebulição da água.

1712
Os ingleses Thomas Newcomen e Thomas Savery constroem o primeiro motor a vapor prático. Ele utiliza pistões e cilindros.

1778
O inglês Joseph Bramah patenteia um dos primeiros vasos sanitários de descarga.

1783
Os franceses Lavoisier e Laplace mostram que a água é formada pelos elementos hidrogênio e oxigênio.

1796
O francês Joseph Montgolfier inventa uma bomba hidráulica – um sistema para erguer água usando a força de uma cachoeira.

1800
Os ingleses William Nicholson e Anthony Carlisle usam eletricidade para dividir a água

1803
O químico britânico Luke Howard, conferencista em meteorologia, inventa nomes para nuvens, tais como cirros e cúmulos.

1805
O francês Joseph-Louis Gay-Lussac mostra que a água é feita de duas partes de hidrogênio para uma de oxigênio.

1829
O escocês James Simpson desenvolve um sistema de purificação de água usando filtros de areia.

A primeira permissão para engarrafar e vender água mineral é dada à Vittel Grande Source, na França. Perrier é a seguinte, em 1863.

1854
O médico inglês John Snow relaciona uma epidemia de cólera a um poço contaminado, provando que a doença é transmitida pela água.

1876
A Lei da Marinha Mercante requer que todos os navios cargueiros do Reino Unido sejam marcados com a linha de Plimsoll, além da qual eles não podem ser carregados.

1912
O navio de passageiros britânico *Titanic* se choca contra um iceberg e afunda no Atlântico Norte, matando 1.517 pessoas.

1872–76
Cientistas a bordo do *HMS Challenger* realizam as primeiras expedições importantes do mundo para explorar as profundezas do oceano.

1882
Uma roda hidráulica no rio Fox, no estado de Wisconsin, nos Estados Unidos, se torna o primeiro gerador de energia hidrelétrica comercial.

1921
O inglês Joseph Swan inventa a moderna chaleira elétrica para ferver água.

1944
O túnel de fornecimento de água mais longo do mundo é aberto. Ele se estende por 169 km do reservatório Rondout até Nova York, nos Estados Unidos.

1936
A Represa de Hoover, a primeira represa de gravidade em forma de arco, é terminada na fronteira entre Arizona e Nevada, nos Estados Unidos.

1956
A maior geleira do mundo é descoberta na Antártica. A geleira Lambert tem 700 km de comprimento.

1960
Cientistas descem no batiscafo *Trieste* até o ponto mais profundo da fossa das Marianas.

1958
O *Nautilus*, submarino americano movido a energia nuclear, passa bem embaixo do gelo do Ártico, provando que não existe terra no polo Norte.

1951
Cientistas britânicos localizam o ponto mais fundo nos oceanos. Situado na fossa das Marianas, no oceano Pacífico, tem 10.912 m de profundidade.

1986
A maior barragem do mundo, a Oosterschelde, com 9 km de comprimento, é aberta nos Países Baixos.

1994
A Lei do Mar, determinando como as nações deveriam usar e proteger os oceanos, entra em vigor.

1977
Cientistas americanos, no submersível *Alvin*, descobrem fontes hidrotermais no oceano Pacífico.

1978
A NASA lança o SEASAT, primeiro satélite com sensoriamento remoto, com instrumentos para medir várias características dos oceanos.

1989
O petroleiro *Exxon Valdez* se choca contra um recife no Alasca, nos Estados Unidos, e derrama óleo suficiente para encher 125 piscinas.

2005
A maior usina de dessalinização do mundo, para transformar água do mar em água doce, é aberta em Ashkelon, Israel.

2004
Em 26 de dezembro, um gigantesco tsunami no oceano Índico causa a morte de quase 230 mil pessoas.

2006
O primeiro hotel submarino de luxo do mundo, o Hidrópolis, começa a ser construído na costa de Dubai.

2007
O primeiro satélite que mede a salinidade da superfície do mar será lançado pela Agência Espacial Europeia.

2009
A Represa das Três Gargantas, no rio Yangtze, na China, que será a maior barragem do mundo, deverá entrar em funcionamento com sua capacidade total.

Glossário

Água de descarte
Água que foi utilizada em residências, empresas ou indústrias.

Água doce
Água com baixa quantidade de sais dissolvidos. É definida como água que contém menos de 0,1% de sais dissolvidos.

Água dura
Água doce que contém altos níveis de cálcio e magnésio dissolvidos.

Água freática
Água encontrada no solo ou rochas e que pode se infiltrar neles. Essa água abastece poços e fontes.

Água mole
Água doce que contém baixos níveis de cálcio ou magnésio dissolvido.

Água salgada
Água que contém altos níveis de sais dissolvidos. A água salgada é encontrada no mar e em alguns lagos do interior.

Aquecimento global
Aumento gradual da temperatura média em todo o mundo.

Aquífero
Região de rocha ou solo abaixo da superfície da terra saturada com água, através da qual a água pode se mover para abastecer poços.

Atmosfera
Camada de gases que circunda a Terra.

Átomo
Menor parte de um elemento químico.

Atração gravitacional
Força de atração entre grandes massas. Massas mais pesadas têm maior atração gravitacional.

Barragem
Margem elevada ao longo das partes mais baixas de um rio, formada com sedimentos depositados durante enchentes.

Célula
Minúscula unidade que forma o corpo de um animal ou planta. Uma célula contém um centro, chamado de núcleo, e possui uma parte limite, a membrana. A maioria dos animais e plantas contém milhões de células.

Chuva ácida
Chuva mais ácida devido à poluição do ar, especialmente pela queima de combustíveis fósseis em residências, usinas elétricas e motores de veículos.

Ciclo da água
Circulação constante da água entre mar, ar e terra. Isso envolve evaporação, condensação, precipitação e percolação.

Clima
Padrão geral de tempo em uma região específica ao longo de muitos anos.

Combustível fóssil
Combustíveis, como carvão, petróleo ou gás natural, formados dos restos de organismos mortos há muito tempo.

Condensação
Processo em que um gás se transforma em líquido, tal como vapor da água condensando em gotículas de água.

Convecção
Circulação vertical de um líquido ou gás devido à subida de partes quentes e descida de partes frias.

Corrente oceânica
Importante fluxo de água do mar. Correntes de superfície são normalmente causadas por ventos ou diferenças de temperatura, com água quente subindo e água fria afundando.

Delta
Planície formada pelo depósito de sedimentos na desembocadura de um rio.

Desgaste por agentes atmosféricos
Desgaste de rochas por processos físicos, químicos e biológicos na superfície da Terra ou próximo a ela.

Deslocamento
Massa de água deslocada por um objeto que está boiando, afundando ou se acomodando na água.

Dissolver
Fazer uma substância se dispersar e desaparecer em um líquido.

Efeito Coriolis
Força proveniente da rotação da Terra para mudar um vento ou corrente oceânica. Essa força movimenta correntes oceânicas em sentido horário no hemisfério Norte e anti-horário no Sul.

Efeito estufa
Absorção de raios infravermelhos da superfície da Terra por gases estufa na atmosfera, produzindo efeito de aquecimento.

Elemento
Substância única que não pode ser dividida em outras por meios químicos normais.

Enchente
Água transbordando no solo, normalmente seco.

Energia
Capacidade de causar uma ação. A energia não é destruída, mas ela muda de uma forma para outra.

Era do gelo
Período gelado na história da Terra, quando geleiras e lençóis de gelo cobriam grande parte do terreno. A era do gelo mais recente terminou há aproximadamente 15 mil anos.

Erosão
Processos através dos quais uma rocha ou o solo se soltam e são transportados por geleiras, rios, vento e ondas.

Esgoto
Sistema de canos subterrâneos que carregam água de descarte de residências, escritórios, fábricas para estações de tratamento de água.

Estalactite
Estrutura dependurada, semelhante a um cone, feita de carbonato de cálcio.

Estalagmite
Estrutura que se eleva a partir do solo, em forma de vela, feita de carbonato de cálcio.

Estômato (poros dos estômatos)
Aberturas no caule e nas folhas de plantas. Vapor de água escapa através dos estômatos e outros gases entram e saem por eles.

Estuário
Ponto onde um rio encontra o mar e a água doce se mistura com a água salgada.

Evaporação
Processo de um líquido se transformando em um gás (vapor).

Fitoplâncton
Micro-organismos parecidos com plantas que vivem no mar e em água doce.

Fluido sinovial
Fluido que lubrifica articulações humanas, reduzindo o desgaste de ossos.

Flutuação
Pressão para cima exercida em um objeto flutuante, produzida pela água que ele empurra para o lado.

Fonte hidrotermal
Abertura no leito do mar que expele água aquecida de vulcões.

Fotossíntese
Processo através do qual plantas e micro-organismos parecidos com plantas produzem alimento através da captura de luz do Sol.

Frente
Parte de uma massa de ar que se move para a frente, como uma frente fria ou quente.

Furacão
Tempestade tropical violenta e em forma de espiral, com ventos que ultrapassam 119 km/h.

Gás estufa
Gás que absorve raios infravermelhos, prendendo calor na atmosfera. Dióxido de carbono, metano e vapor de água são gases estufa.

Gêiser
Fonte no solo, da qual saem água e vapor aquecidos por um vulcão.

Geleira
Grande massa de neve e gelo na terra formada por repetidas quedas de neve. Ela desce vagarosamente pela montanha por seu próprio peso.

Gelo marinho
Gelo que se forma quando a água do mar congela.

Irrigação
Sistema para suprir terras cultiváveis com água através de canais ou canos.

Lençol de gelo
Camada de gelo grande e espessa, cobrindo uma porção de terra. Lençóis de gelo cobrem a maior parte da Groenlândia e da Antártica.

Ligação de hidrogênio
Força de atração entre moléculas de água.

Mar
Água de um oceano. É também o nome para parte de um oceano, como o mar do Caribe.

Maré
Elevação e descida da água do mar produzidas pela atração gravitacional da Lua e do Sol.

Massa de ar
Porção de ar com temperatura e umidade razoavelmente uniformes, que se estende por muitos quilômetros na parte mais baixa da atmosfera.

Meteorito
Uma rocha que cai do espaço e atinge a Terra.

Micro-organismos (micróbios)
Organismos microscópicos.

Mineral
Substância encontrada em rochas e que pode se dissolver em água.

Molécula
Menor parte de uma substância que conserva suas propriedades. Ela normalmente consiste de dois ou mais átomos unidos por ligações químicas, como na água (H_2O).

Monção
Ventos sazonais que sopram através do sul e do leste da Ásia. Ventos de monção de verão trazem chuvas fortes por causa do ar úmido sobre os oceanos Índico e Pacífico.

Nível freático
Nível abaixo do qual o solo ou a rocha estão saturados com água subterrânea.

Nutrientes
Substâncias como nitratos e fosfatos, de que as plantas precisam para crescer.

Onda marinha
Perturbação vertical que viaja ao longo da superfície do mar. A maioria das ondas marinhas é causada pelo vento. As maiores ondas (tsunamis) são originadas por terremotos, vulcões, avalanches ou meteoritos.

Organismo
Um ser vivo.

Plâncton
Organismos que flutuam no mar, em lagos ou rios lentos e que são arrastados por correntes.

Planície aluvial
Área de solo plano que o rio baixo inunda naturalmente.

Poço artesiano
Poço que recebe água com pressão de um aquífero. A água sobe ao nível da superfície sem ser bombeada.

Poluição
Substâncias ou fatores, como calor ou som, lançados no meio ambiente por pessoas e que podem ser nocivos aos seres vivos.

Precipitação
Água que cai ou vem do ar para a terra ou o mar. Chuva, neve, chuva misturada com neve, granizo, geada e orvalho são tipos de precipitação.

Recife de coral
Rocha calcária produzida em água marinha quente e rasa por pequenos animais chamados pólipos.

Redemoinho
Sistema circular de correntes em um oceano.

Sal
Substância comumente formada pela reação entre um ácido e um alcalino ou um ácido e um metal. O sal mais comum é o cloreto de sódio, que é colocado em alimentos e é o tipo principal de sal encontrado na água do mar.

Satélite
Objeto que é colocado em órbita ao redor de um planeta. Satélites artificiais de sensoreamento remoto estão na órbita da Terra, monitorando o tempo e as condições da terra e do mar.

Seca
Um período longo de pouca ou nenhuma chuva.

Sedimento
Material solto pela erosão do solo e depositado em outro lugar.

Tensão superficial
Atração entre moléculas de água e superfície da água.

Transpiração
Perda de água de plantas por evaporação.

Tsunami (onda de porto)
Onda ou série de ondas grandes e rápidas que se movem através do oceano. Formada devido à perturbação causada por terremoto, erupção vulcânica ou grande massa que atinge a superfície da água.

Umidade
Quantidade de vapor de água no ar. Quanto maior a umidade, maior a quantidade de vapor de água.

Zona crepuscular
Região de um oceano a uma profundidade entre 200 e 1.000 metros. A luz do Sol atinge essa zona, mas não o suficiente para que plantas e micro-organismos semelhantes a plantas façam a fotossíntese.

Zona escura
Região mais baixa em um oceano, abaixo de 1.000 metros, onde a luz do sol não alcança.

Zona iluminada pelo Sol
Região mais alta em um oceano, com menos de 200 metros de profundidade. Aqui, luz do Sol suficiente alcança as plantas e os micro-organismos semelhantes a plantas para que façam fotossíntese.

Zooplâncton
Animais e micro-organismos semelhantes a animais que vivem flutuando na água do mar ou em água doce.

Índice

A

ácidos 9
agricultura 44
agricultura, cultivo 44, 45, 53, 58
água 4-5
água, captação de 57
água, características da 5
água congelada 10-11
água, demanda futura por 54
água, escassez de 51, 54
água de degelo 18, 33
água de descarte 31, 42, 43, 45, 61
água de descarte industrial 47, 48, 57
água de torneira 42
água do corpo 36-37
água do mar 6, 8-9
 veja também oceanos
água doce 8-9, 10, 16, 41, 44, 55, 60
água em movimento 31-34
água fóssil 56
água freática 7, 30, 40, 41, 56, 57, 60
água, gasosa 4, 35
água líquida 4, 35
água mineral 59
água no espaço 5, 56
água parada 16-17
água potável 55
água, primeiras formas de vida na 14
água pura 5, 9
água, quantidades na terra 6-7, 31, 57
água rural 44-45
água salgada 8-9, 61
água salobra 8, 32
água sólida 4, 35
água suja 42, 48-49, 57
água urbana 42-43
alcalinos 9
alto-estratos 28
animais, distribuição dos 53
animais, forma aerodinâmica dos 14, 15
aquecimento global 52-53, 60
aquedutos 58
aquíferos 30, 34, 60
árvores 12m 56, 57
atmosfera 8, 11, 26, 52, 60
átomos 4, 60
atração gravitacional 22, 60
axolotle 15

B

bactérias, veja micróbios
baía de Fundy 22, 23
baleias 15, 49
banquisas 11
bomba hidráulica 58

C

cachoeiras 18
calcário 25, 34, 41
calotas de gelo 7
canteiros de junco limpam esgoto 45
carbonato de cálcio 41
carga elétrica 5
carvão, petróleo e gás,
 veja combustíveis fósseis
cavernas 34, 41
chaminés submarinas 21
chão do oceano 21
chuva 6, 27, 28, 34
chuva ácida 25, 32, 60
chuva, as 24 horas mais molhadas 57
chuva e desgaste por agentes
 atmosféricos 25
chuva, média de 51, 57
ciclo da água 30, 33, 35, 61
circulação de ar 26
cirros 29
clima 26, 60
cloreto de sódio 8
cloro 58
cocolitoforídeos 14
combustíveis fósseis 47, 52, 53, 60
condensação 27, 35, 60
condições do tempo 26-27
condições extremas do tempo 53
congelamento 4, 5, 25
convecção 26, 28, 60
cor azul da água do mar 6
corredeiras 18
corrente do Golfo 23
correntes 18
correntes, oceanos 22-23
cotovelo de rio 19
criação de gado 44
criação de peixes 55
cristais de gelo 4, 11, 27, 28
cultivo de arroz 45
cúmulos-nimbos 29
cúmulos 28

D

década da água pela vida 55
delta 19, 33, 60
 derramamentos de óleo 49, 59
derretimento 5, 52
desertificação 51
desertos 34, 44, 51
desgaste por agentes
 atmosféricos 24, 25, 61
dióxido de carbono 12, 14, 52
diques 39, 59
doenças 42, 59

E

eclusa 58
efeito de Coriolis 22, 60
enchentes 50-51, 52, 60
energia hidráulica 38-39, 60
energia hidrelétrica 38, 59
erosão 18, 24, 60
escala de pH 9
escala de temperatura Celsius 5
escovando os dentes 57
esgoto 31, 42, 43, 58, 61
esgoto, robôs de 43
estalactites 41, 61
estalagmites 41, 61
estômato 12, 61
estuário 8, 32, 60
estufas 45
Europa 56
evaporação 31, 33, 35, 57, 60

F

fabricação de papel 47
fitoplâncton 14, 48, 61
flocos de neve 11
florescência de algas 14
florestas 34
florestas tropicais 51
florestas tropicas, piscinas de 16
fluido sinovial 37, 61
flutuação 8, 9, 15, 60
flutuar na água 8, 9, 10
folhas 12
fontes hidrotermais 21, 61
fotossíntese 12, 13, 14, 61
frentes frias 27
frentes quentes 27
frentes, sistemas frontais 27, 60
frutas e verduras 56
furacão katrina 27, 50
furacões 27, 50, 60

G

gás 4, 58
gás estufa 52, 60
gasto de água de uma família 57
geada, e desgaste por agentes
 atmosféricos 25
gêiseres 40, 60
geleiras 7, 10, 25, 56, 59, 60,
gelo 4, 5, 10-11,
gelo e desgaste por agentes
 atmosféricos 25
gelo marinho 11, 52, 61
gelo oleoso 11
gelo-panqueca 11
gotas de chuva 27, 35
gotículas de água 5, 28
Grand Canyon 24
Grandes Lagos 16, 57
granizo 27, 57
gravidade 5

H

hidrantes de incêndio 43
hidrogênio 4, 57, 58, 60

I

icebergs 10, 33
indústria 32, 46-47
irrigação 32, 44, 61

J

jato de areia 47

L

lago Baikal 16, 17
lagoas 16-17
lagos 7, 8, 16-17
lagos importantes 16, 17
lei do mar 59
lençóis de gelo/campos de gelo 10, 11, 61
lençol freático 40, 57, 61
linha costeira mais longa 56
linha de Plimsoll 8
linha do tempo 58-59
Lua, e marés 22
luz do sol 6
luz, embaixo da água 6, 21

M

madeira 12
Male, Maldivas 52
mar de Aral 57
mar Morto 9
marés 22-23, 39, 61
massa de ar 27, 60
meandros 19
metais pesados 48, 49
micróbios 16, 42, 45
microirrigação 44
mina de cobre 48
molécula de água 4, 5, 13
monções 50, 51, 61
montanhas 18, 33
motor a vapor 58

N

neblina 29
neve 25, 28, 34
névoa 29
nimbos-estratos 28
nitratos 48
nível do mar 52
núcleo de gelo 11
nutrientes 48, 61
nuvens 7, 11, 28-29
nuvens, fatos sobre 29
nuvens, formação de 28

O

oásis 34
oceano, primeiro 6, 57, 58
oceanos 6, 7, 8, 20-21, 55
oceanos, aumento nos níveis dos 52
oceanos, exploração dos 20, 21, 59
oceanos, ponto mais profundo dos 59
oceanos, pressão/temperatura dos 58
oceanos, zonas dos 20, 21
ondas 22, 23, 24
organismos vivos 6, 7
Organização Mundial de Saúde 56
oxigênio 4, 14, 57, 58

P

pantalassa 58
pântanos 16
patinação 11
peixes 15, 20, 21
pele 36
percolação 30
pesticidas 49
piscinas
piscinas, árvores (floresta tropical) 16
piscinas sazonais 17
plâncton vegetal 14
planície aluvial 19, 60
plantações 32, 44, 45, 58
plantações, desastre em 53
plantas 12-13, 16
plantas e desgaste por agentes atmosféricos 25
plantas, sementes flutuantes das 23
plasma (sangue) 37
poços 34, 40
poços artesianos 40, 60
polos (Norte e Sul) 6, 10, 52, 59
poluição 48, 53, 61
poluição do trânsito 53
poluição e desgaste por agentes atmosféricos 25
poluição, limpeza 49
ponto de condensação 29
ponto de congelamento 5, 10
ponto de ebulição 5
população, e necessidade de água 54
precipitação 30, 61
produção de alimentos 45
produção de eletricidade 38, 39, 46
projeto Éden 54
purificação da água 59

Q

queima 5, 52

R

radiolários 14
raízes, planta 13
rastro de fumaça 29
reciclagem de água 54
recifes de coral 20, 60
Represa das Três Gargantas 56, 59
represas 32, 38, 39, 58, 59
reservatório subterrâneo 31
reservatórios 39
resíduos de animais 56
respiração embaixo da água 15
rins de humanos 57
rio mais comprido 19
rios 7, 8, 18-19, 24, 32
rios que secam 57
rocha desgastada por agentes atmosféricos 25
roda de Falkirk 39

S

sal 5, 8-9, 11, 61
salinidade, medindo a 54
saneamento 56, 57
sangue 37, 57
satélites 54, 61
secas 50-51, 53, 60
sedimento 16, 17, 19, 24, 48, 61
sistema de água de emergência 43
sob a terra, água 40-41
sucos digestivos 37
suor, suar 36, 37

T

tensão de superfície 4, 61
Terra 6-7, 57
Terra, evaporação da água da 57
Terra, quantidade de água na 31, 57
Terra, temperatura da superfície da 52
terras úmidas 16, 32, 56
tingindo seda 47
torneiras abertas 57
torneiras pingando 56
torres de resfriamento 32, 46
transpiração 13, 35, 61
tratamento de água 32, 42
tsunami 59, 61
tubarões 15
túnel de abastecimento de água 59

U

usina de dessalinização 32, 33, 59
usinas elétricas 32, 46
usinas petroquímicas 47
uso da água
uso da água em pequenas/grandes cidades 31, 42-43
uso da água na indústria 32, 46-47

V

vapor 5, 6, 35, 57
vapor de água 27, 28, 33
vasos sanitários 31, 56, 58
ventos 22, 23, 27
vida na água 14-15, 20-21

Z

zooplâncton 14, 61

Créditos

A editora gostaria de agradecer, pela gentil permissão de reproduzir suas fotografias, a:

Abreviações: a= em cima; b= embaixo; c= no centro; l= ao longe; e= à esquerda; d= à direita; t= no topo

2 John Shultis (www.johnshultis.com). **4 Alamy Images**: ImageState (ce). **Corbis**: Royalty-Free (c). **Getty Images**: Ezio Geneletti (cd). **Science Photo Library**: Clive Freeman / Biosym Technologies (be, bc, bd). **5 Getty Images**: Richard H. Johnston (e). **NASA**: NASA (te). **6 Getty Images**: Sakis Papadopoulos (cd). NASA: (td). **Science Photo Library**: Matthew Oldfield / Scubazoo (bd). **US Geological Survey**: Game McGimsey (fce). **8 Photoshot / NHPA**: (c). **Science Photo Library**: David Nunuk (e); Peter Scoones (d). **9 Steven Bennett**: (cdb). **Wikimedia Commons**: (ceb). **10 Corbis**: Ralph A. Clevenger (ce). **Getty Images**: Joanna McCarthy (c); RGK Photography (bd). **10-11 National Geographic Image Collection**: Maria Stenzel (cb). **11 Corbis**: Visuals Unlimited (td). **Getty Images**: Jeff Spielman (cea); Jamie Squire (cd). **National Geographic Image Collection**: Maria Stenzel (te). **Science Photo Library**: British Antarctic Survey (bc). **12 Corbis**: Theo Allofs/Zefa (te). **Science Photo Library**: Jeremy Burgess (be); Eye of Science (cd). **13 Science Photo Library**: Jeremy Burgess (c); Steve Gschmeissner (be). **14 NASA**: Jeff Schmaltz (be). **Science Photo Library**: Juergen Berger (bd); Steve Gschmeissner (td). **14-15 Alamy Images**: Jane Burton (c). **15 SeaPics.com**: (cd, td). **16 Still Pictures**: Arnold Newman (t). **16-17 OSF / photolibrary**: Michael Fogden (b). **17 Science Photo Library**: Nature's images (te); Ria Novosti (td); Bjorn Svensson (tc). **18 Corbis**: Louise Gubb (c); Layne Kennedy (ce); Christophe Loviny (cd); Olivier Matthys / epa (fce). **19 Corbis**: Yann Arthus Bertrand (c); **NASA** (cd); Sandy Stockwell (fce); Raimundo Valentim (ce). **20 Getty Images**: Gary Bell (e). **22 Science Photo Library**: Andrew J. Martinez (bd). **23 Getty Images**: John Bilderback (bd); Martin Harvey (cd). **Science Photo Library**: Andrew J. Martinez (be). **24 Alamy Images**: David South (e). Corbis: David Muench (d). **25 Alamy Images**: nagelestock.com (te). Getty Images: Jerry Alexander (bd); Kristian Maak (td). **27 Corbis**: Jim Reed (c). **NOAA**: (bd). **29 Flagstaffotos**: Peter Firus (c). http://sl.wikipedia.org: moo@fp.chu.jp (be). **Wikimedia Commons**: pfctdayelise (bd). **30 Corbis**: Chinch Gryniewicz / Ecoscene (be); Roy Morsch (te). **31 Corbis**: Frans Lanting (bd). **Marcelle Dulude**: (cd). **Saskia van Lijnschooten**: (td). **37 Science Photo Library**: CNRI (cdb); Susumu Nishinaga (cda). **38 Corbis**: Bettmann (be). **38-39 US Department of Interior** (www.usbr.gov). **39 Alamy Images**: David Hoffman Photo Library (bd); Doug Houghton (cd). Flickr / Ingrid Koehler: London Looks (td). **40-41 Getty Images**: Hans Strand (c). **41 Getty Images**: Alexander Stewart (te); Penny Tweedie (be). **42 Science Photo Library: NIAID / CDC** (bd). **42-43 Corbis**: Anna Clopet. **43 Alamy Images**: Dennis Pedersen (td). Corbis: Viviane Moos (bd). **Science Photo Library**: Peter Menzel (cda). **44 Corbis**: David Forman / Eye Ubiquitous (te); Steve Kaufman (td). **45 Corbis**: Gina Glover (td). **Science Photo Library**: Simon Fraser (bd). **46 Corbis**: Eberhard Streichan / Zefa. **47 Corbis**: Jeremy Horner (bd); Eberhard Streichan / Zefa (te). **Science Photo Library**: Robert Brook (ce); Pascal Goetgheluck (cd); Geoff Tompkinson (td). **48 Alamy Images**: Kevin Lang (be). Corbis: Lowell Goergia (bd). **48-49 Corbis**: EPA (e). **49 Getty Images**: Norbert Rosing (be); Mike Simons (bd). **50 Corbis**: Smiley N. Pool / Dallas Morning News (td). **Getty Images**: Martin Puddy (t). **51 Corbis**: Michael Reynolds / epa (c). **Getty Images**: Martin Mawson (t). **52 Getty Images**: Tom Bean (ce). http://sl.wikipedia.org: (bd). **53 Corbis**: Reuters (cd). **Michael Donohoe / Flickr**: (ce). **Science Photo Library**: Mike Boyatt / Agstock (be). **54 European Space Agency**: (td). **54-55 Juergen Matern**: (b). **55 Science Photo Library**: Alexis Rosenfeld (te). **UNESCO**: Tang Chhin (cd)

Imagens da capa: Capa: **Alamy Images**: Miolo t; **Saskia van Lijnschooten**: b; Contracapa: **Pete Atkinson** (www.peteatkinson.com): be; **Corbis**: Zefa te; **Getty Images**: Thierry Dosogne cd; **NASA**: ce; **Science Photo Library**: Eye of Science bd

Todas as outras imagens © Dorling Kindersley

Hazel Beynon pela revisão; Lynn Bresler pelo índice; Jane Thomas pelas imagens adicionais.